সঠিক শব্দ ব্যবহার করুন

শ্রীকান্ত পালধি

যাঁরা আমার জীবনের ধ্রুবতারা

স্বর্গীয় পিতৃদেব শ্রী জিতেন্দ্র নাথ পালধি

স্বর্গীয় বড়মামা শ্রী প্রভাত কুমার গঙ্গোপাধ্যায়

বিষয়বস্তু

বিষয়বস্তু

ভূমিকা

বাংলা আমাদের প্রাণের ভাষা। কিন্তু অনেক সময় একটি অক্ষরের ভুল প্রয়োগে পুরো শব্দের অর্থ পাল্টে যায়। অনেক সময়ে শব্দগুলি এতো কাছাকাছি যে সঠিক শব্দটি বেছে নিতে অসুবিধে হয়। তাই এই ধরণের কিছু শব্দ এবং তার অর্থ এখানে দেওয়া হল। বাংলা ভাষায় এই ধরনের উদ্যোগ সম্ভবত এই প্রথম। যদি আপনাদের কাজে লাগে, তাহলেই আমার পরিশ্রম সার্থক।

ধন্যবাদ।

স্বীকার

বাংলা একাডেমি আধুনিক বাংলা অভিধান, সম্পাদক জামিল চৌধুরী, বাংলা একাডেমি, ঢাকা

বাংলা একাডেমি বিবর্তনমূলক বাংলা অভিধান সম্পাদক গোলাম মুরশিদ , বাংলা একাডেমি, ঢাকা

সংসদ বাঙ্গালা অভিধান, শৈলেন্দ্র বিশ্বাস কর্তৃক সঙ্কলিত, সাহিত্য সংসদ, কলিকাতা

চলন্তিকা আধুনিক বঙ্গভাষার অভিধান, রাজশেখর বসু সংকলিত, এম সি সরকার এন্ড সন্স লিঃ, কলিকাতা

অ

অংশ, অংস

অংশ [বি] ভাগ (সম্পত্তির অংশ)

অঞ্চল

মালিকানা

অবতার

দেবতার ঐরস বা বীর্য

বিষয় বা দক্ষ (সে কোনো অংশে কম নয়।)

অংস [বি] স্কন্দ, কাঁধ

অকুল , অকূল

অকূল [বি] কল্পিত নীচ বংশ

অবহেলিত ও অনগ্রসর জাতি

অকূল [বিণ] তীরহীন, অপার অসীম

গভীর

নিবিড়

অকূল [বি] সমুদ্র

কঠিন বিপদ, সংকট

আ

আগর, আগড়

আগড় [বি] খিল, অর্গল; কপাটের পরিবর্তে ব্যবহৃত ঝাঁপ।

বাধা, প্রতিবন্ধকতা।

আগড়-বাগড় [বি] বেদরকারী জিনিসপত্র

অপ্রাসঙ্গিক কথা।

আগর [বি] গন্ধকাষ্ঠবিশেষ (আগরবাতি) , অগুরু।

[বি] কাঠ প্রভৃতি ছিদ্র করার হাতিয়ার, তুরপুন।

[বিণ] শ্রেষ্ঠ, প্রধান, চূড়ামণি।

[বি] নিলয়, আগার , আধার।

[বি] দীর্ঘসূত্রতা।

[অব্য] যদি।

আঁচড়, আঁচর

আঁচড় [বি] নখের আঘাত

অগভীর রেখা, দাগ

আঁচর [বি] শাড়ির প্রান্তভাগ, আঁচল

আঁট, আঁত, আট

আঁট [বি] দৃঢ়তা

বাঁধুনি

কাঙ্ক্ষিত বা উপযুক্ত মাপের সামান্য ঘাটতি

আঁট [বিণ] টানটান, মাপে ছোট

দৃঢ়বদ্ধ, দৃঢ়

জমাট, কাঠিন্যপ্রাপ্ত

আঁত [বি] নাড়ি

পেট , জঠর, উদর

হৃদয়, অন্তর

মনোভাব

আট [বি] ৮ সংখ্যা

আট [বিণ] ৮ সংখ্যক

আঁটা, আটা, আতা

আঁটা [ক্রি বি] সংকুলান হওয়া, ঝুলানো (বাক্সে আঁটা)

লাগানো (দরজায় খিল আঁটা)

কষে বা শক্ত করে বাঁধা (কোমরবন্ধ আঁটা)

বাঁধা বা পরিধান করা (পাগড়ি আঁটা)

আঠা লাগিয়ে সেঁটে দেওয়া (খামে ডাকটিকিট আঁটা)

স্থির করা, নির্ধারণ করা (ফন্দি আঁটা)

আঁটা [বিণ] বদ্ধ , বন্ধ

আটা [বি] গমের গুঁড়ো , গোধূমচূর্ণ

আটা [বি] আটফোঁটাযুক্ত তাস

আঠা [বি] চটচটে পদার্থ সেঁটে জোড়া দেওয়ার জন্য ব্যবহৃত, কাই, গাঁদ

আতা [বি] গ্রীষ্মকালে ফোটে এমন তিন পাপড়িযুক্ত সাদাটে ফুল, গোলাকার ফল, তার পত্রমোচী উদ্ভিদ

আবরণ, আভরণ

আবরণ [বি] আচ্ছাদন, ঢাকনি, আবৃতকরণ

আভরণ [বি] ভূষণ, অলংকার, গহনা

আশা, আসা

আশা [বি] কাঙ্ক্ষিত কোনোকিছু পাওয়ার বাসনা , প্রত্যাশা (চাকরি পাওয়ার আশা)

আশ্বাস, ভরসা (আশা দেওয়া)

দিক (পূর্বাশা)

আসা [ক্রি বি] আগমন করা, উপস্থিত হওয়া (স্কুলে আসা)

উদ্রেক হওয়া (চোখে জল আসা)

জোগানো (মাথায় বুদ্ধি আসা)

উপযোগী হওয়া (কাজে আসা)

আরম্ভ হওয়া (বৃষ্টি আসা)

উপার্জন হওয়া (হাতে টাকা আসা)

শেষ হওয়ার উপক্রম হওয়া (নিভে আসা)

উদয় হওয়া (মনে আসা)

ঘটা , হওয়া (বিপদ আসা)

প্রবেশ করা (ঘরে রোদ আসা)

উপক্রম হওয়া (বমি আসা)

বৃদ্ধি পাওয়া (উঠানে পানি আসা)

আসা [বি] দণ্ড, লাঠি (আসাবরদার)

ই

ইস, ঈশ, ঈষ

ইস [অব্য] বিস্ময়, অবিশ্বাস, ক্লেশ, দুঃখ, প্রভৃতিজ্ঞাপক শব্দ

ঈশ [বি] আল্লাহ, ঈশ্বর

প্রভু,

রাজা, অধিপতি

ঈষ [বি] লাঙলের ফলা

ইহা, ঈহা

ইহা [সর্ব] এই বস্তু, এই বিষয়, এই

ঈহা [বি] চেষ্টা

ইচ্ছা, স্পৃহা

লিপ্সা

উ

উড়ু-উড়ু, উরু, উরু

উড়ু -উড়ু [বিণ] উড়তে উদ্যত

অস্থির, উচাটন

পালাই পালাই ভাবযুক্ত

চঞ্চল

উরু [বিণ] প্রশস্ত, বিশাল

মহৎ

উরু [বি] , মানবদেহের কুঁচকি থেকে হাঁটু পর্যন্ত অংশ, উরুত

উন, ঊণ

উন [বিণ] কম, ন্যূন (ঊনচল্লিশ)

দুর্বল

অসম্পূর্ণ

হীন

উন [বি] পশমি সুতোয় বোনা কাপড়; পশমি সুতো

উণ [বি] পশুর লোম থেকে তৈরী সুতো

এ

একদা, একধা

একদা [ক্রি বিণ] কোনো এক কালে, কোনো এক সময়ে।

একই কালে, যুগপৎ

কদাচিৎ

একধা [বিণ] একপ্রকার।

[বি] একদিক , একবিষয়।

একশ, একশা

একশ [বি] 'একশত'-র চলিত রুপ

একশা [বিণ] একাকার (ভিজে একশা); সম্পূর্ণ

একত্রমিলিত ; এক সমান

ও

ওড়, ওর

ওড় [বি] জবাফুল

ওর [বি] সীমা , অবধি, শেষ, প্রান্তদেশ

দিক, পক্ষ, তরফ

ওর [সর্ব] সর্ব, 'তাহার' এর কথ্য রূপ

ক

কড়ি, করী

কড়ি [বি] শামুকজাতীয় সামুদ্রিক জীবের খোল

কপর্দক , অর্থ, ধন (টাকাকড়ি)

পারানির মাশুল (আমার শেষ পারানির কড়ি)

সংগীতের মধ্যম ও পঞ্চম মধ্যবর্তী সুর

কড়ি [বিণ] কড়া , তীব্র

কড়ি [বি] ভার ধারণের জন্য ছাদের নিচে আড়াআড়িভাবে লাগানো কাঠের বরগা, আড়া

করী [বি] হস্তী , হাতি

কনে, কোণে

কনে [বি] বিবাহের পাত্রী;

বিবাহযোগ্যা কন্যা;

নববধূ, নববিবাহিত কন্যা

কোণে [বি] পরস্পর মিলিত দুটি সরলরেখার মধ্যবর্তী স্থানে (ত্রিভুজের কোণ),

দুই পার্শ্বের মিলনস্থানে (ঘরের কোণ),

সূক্ষ্ম প্রান্তে (আঁখিকোণে),

অস্ত্রাদির অগ্রভাগে (ছুরির কোণ),

খুঁট (কাপড়ের কোণ)

কমল, কোমল

কমল [বি] পদ্ম , অরবিন্দ, উৎপল, কুমুদ

কোমল [বিণ] নরম (কোমল শয্যা)

ললিত ; মধুর (কোমল কন্ঠ)

মৃদু (কোমল আঘাত)

কোমল [বি] গানে শুদ্ধ স্বরের চেয়ে নিচু পর্দা

কশ, কষ, কোষ

কশ [বি] ওষ্ঠাধরের দুই কোণ , সৃক্কণী

কষ [বি] কষায় রস, গাছের কটু রস

কষ [বি] সোনা প্রভৃতি ধাতুর বিশুদ্ধতা যাচাইয়ের জন্য ব্যবহৃত কালো পাথরবিশেষ , কষ্টিপাথর

কোষ [বি] সূক্ষ্ম পর্দায় আবৃত জীবনটা কলা

ভান্ডার (রাজকোষ)

ধনরত্ন

আধার, থলি (বীজকোষ)

খাপ (কোষবদ্ধ তরবারি)

কোয়া (কাঁঠালের কোষ)

অভিধান গ্রন্থ (শব্দকোষ)

রেশমের গুটি

মুকুল, কুঁড়ি (পদ্মকোষ)

কশা, কষা

কশা [বি] চাবুক, কশাঘাত

কষা [বিণ] কষায় রাসবিশিষ্ট; চামড়ায় কষ দেওয়া

কষা [ক্রি বি] কষ্টিপাথরে ঘষে সোনা যাচাই করা

গণিতে ফল নির্ণয় করা (অঙ্ক কষা)

মূল্য স্থির করা (দর কষা)

কষা [বিণ] নিকষে পরীক্ষিত

কষা [বিণ] সাঁতলানো , আঁট করে বাঁধা

শক্তি প্রয়োগ করা (কষে চড় মারা)

শক্ত করা (কষে বাঁধা)

রুক্ষ হওয়া (শরীর কষে যাওয়া)

কাশি, কাশী

কাশি [বি] শ্বাসনালির প্রদাহজনিত রোগবিশেষ , কণ্ঠনিঃসৃত শ্লেষ্মা।

কাশী [বি] তীর্থস্থানবিশেষ, বেনারস, বারাণসী।

কি, কী

কি : [অব্য] সংশয়সূচক প্রশ্নবাচক শব্দ যার উত্তর 'হ্যাঁ' কিংবা 'না',

(কাজটা হয়েছে কি ?)

কী : [অব্য] বিস্ময়সূচক পদ (কী আশ্চর্য !); [সর্ব] কোন বস্তু (কী চাও ?); [বিণ] কেমন (কী করে ?)

কুল, কূল

কুল [বি] বংশ (রঘুকুল)

আভিজাত্য, সন্তান, সমাজ (কুলত্যাগ), আবাস , পুঞ্জ , যূথ (প্রাণিকুল)

কুল [বি] ভারতীয় উপমহাদেশে জাত কাঁটাযুক্ত মাঝারি আকৃতির পত্রমোচী বৃক্ষ বা তার শক্ত বীজবিশিষ্ট সবুজাভ টকমিষ্টস্বাদ গোলাকার

শীতকালীন ফল, বরই

কুল [বি] তান্ত্রিক ধর্মসম্প্রদায়, তান্ত্রিক সাধনার পথ, জনপদ

কূল [বি] তীর, কিনারা (নদীর কূল), আশ্রয় (অকূলের কূল), সীমা , অন্ত , অবধি (দুঃখের কূল নাই)

কোণ, কোন, কোনো, কোনও

কোণ : [বি] কোনা (ত্রিভুজের কোণ, ঘরের কোণ , আঁখিকোণ, ছুরির কোণ); লাজুক (কোণঘেঁষা); উপেক্ষিত (কোণঠাসা)

কোন : [সর্ব] কী , কে (কোনটি ?)

কোনো : [সর্ব, বিণ] কে বা কী (কোনো বিষয়); বহুর মধ্যে একটি বা একজন (কোনো লোকই আসেনি); মাঝে মাঝে (কোনো কোনো দিন সে আসে); যে কোনো উপায়ে (কাজটি কোনো না কোনোভাবে করতে হবে); কষ্টেসৃষ্টে (এই টাকায় কোনোমতে / কোনোরকমে চালিয়ে নিতে হবে)

কোনও : [সর্ব, বিণ] বহুর মধ্যে এক

কোনা : [বি] প্রান্ত, ধার (কোনাকুনি)

কোণযুক্ত , কোণবিশিষ্ট, কোনাচে

ক্রিয়া, ক্রীড়া

ক্রিয়া [বি] কাজ, কর্ম। অভ্যাস, কৃত্য (নিত্যক্রিয়া), পূজা পার্বন বিবাহ প্রভৃতি শাস্ত্রীয় অনুষ্ঠান, সংস্কার, ধাতুর অর্থ প্রকাশ করে এমন পদ।

ক্রীড়া [বি] খেলা, তামাশা, কৌতুকপ্রদ অনুষ্ঠান।

খড় , খর, খরখরে

খড় [বি] ধান, গম প্রভৃতি শস্য ছাড়িয়ে নেওয়ার পর পরিত্যক্ত শুকনো অংশ, বিচালি

খর [বিণ] প্রখর, প্রচন্ড (খরতাপ)

প্রবল (খরস্রোতা)

ধারালো, তীক্ষ্ণ (খরকৃপাণ)

রুঢ়, কঠোর (খরবচন)

ক্ষারমিশ্রিত (খরজল)

খর [বি] খচ্চর , অশ্বতর, কাক

খরখরে [বিণ] কর্কশ, অমসৃণ (খরখরে ত্বক)

প্রখর (খরখরে রোদ)

গ

গড়, গড়গড়, গড়গড়া, গর, গরগর

গড় : (বি) কেল্লা, দুর্গ [গড়ের মাঠ]

সাষ্টাঙ্গ প্রণাম [গড় করা]

গড়পড়তা বা মোটামুটি হিসাবে

গড়গড় : (অব্য) মেঘের গর্জন, কোনোকিছু গড়িয়ে যাওয়ার শব্দ

গড়গড়া : (বি) ছঁকো

গর : (বি) বিষ, গরল , ব্যাধি

গর : (অব্য) বৈপরীত্য শব্দ [গরহাজির]

গরগর : (অব্য বি) ক্রোধ, বিরক্তি প্রভৃতি মনোভাব প্রকাশক শব্দ [রাগে গরগর করা]

গরগর : (বিণ) গদ্গদ , অভিভূত

গুণ, গুন, গুনগুন

গুণ : (বি) স্বভাব, প্রকৃতি [গুণবান]; নৌকার দড়ি [গুণ টানা]; গুণন [2 কে 3 দিয়ে গুণ করা]; বশীকরণ [গুণ করা]; ধনুকের জ্যা [ধনুর্গুণ]

গুন : (বি) ছোট সেলাই করার মোটা সূচ

গুনগুন : (অব্য, বি) মধুর ধ্বনি, মৃদু গুঞ্জন

গুড়, গূঢ়

গুড় [বি] আখ, খেঁজুর তাল প্রভৃতির রস ঘন করে তৈরী মিষ্ট খাদ্যবস্তু

গুড় [বি] মূলদেশ , গোড়া

চরণ , পা

গোড়ালি

গূঢ় [বিণ] গুপ্ত, লুক্কায়িত)গূঢ় পথ)

দুর্বোধ্য , জটিল (গূঢ় তত্ত্ব)

দুর্গম (গূঢ় রহস্য)

নিভৃত

গৌড়, গৌর

গৌড় : (বি), অবিভক্ত বঙ্গের প্রাচীন নাম

গৌর : (বিণ) উজ্জ্বল বর্ণযুক্ত, গোরা

ঘ

ঘড়ঘড়, ঘর

ঘড়ঘড় [অব্য] মানুষের শ্বাসনালিতে শ্লেষ্মা জমে থাকার ফলে শ্বাসগ্রহণ বা নাসিকা গর্জনের অনুকার শব্দ

ঘর [বি] গৃহ, কক্ষ (পড়ার ঘর), আশ্রয়, ঠাঁই

সংসার (ঘর করা)

পরিবার (এক ঘর বাঙালি)

কূল (উচ্চঘর)

হিসাবের খাত (জমার ঘর)

অফিস (ডাকঘর)

ছিদ্র (বোতামের ঘর)

গদি (মহাজনের ঘর)

অভ্যন্তর (ঘরেবাইরে)

স্থান (খেলাঘর)

ঘড়া , ঘোড়া, ঘোরা

ঘড়া [বি] বড়ো কলসি, পিতলের কলস

ঘোড়া [বি] ঘোটক , অশ্ব , হয়, তুরঙ্গম, তুরগ

ঘোড়া [বি] দাবা খেলার ঘুটিবিশেষ, বন্দুকের চাবি, ইঞ্জিন বা মোটরের শক্তি পরিমাপের একক (এক ঘোড়ার ইঞ্জিন)

ঘোরা [ক্রি বি] আবর্তন করা, পাক খাওয়া, হাঁটাহাঁটি করা, বারবার যাতায়াত করা, ভ্রমণ করা, চলতে থাকা

চ

চড় , চর, -চর

চড় [বি] হাতের তালু দিয়ে আঘাত, চাপড়, থাপ্পড়, চপেটাঘাত।

চর [বি] থিতিয়ে পড়া পলি থেকে নদীবক্ষে উৎপন্ন ভূভাগ, দ্বীপ। গোচারণভূমি।

চর [বি] যে ব্যক্তি গোপনে তথ্য সংগ্রহ করে, গোয়েন্দা।

-চর [বিণ] বিচরণকারী (জলচর)

জঙ্গম, গমনশীল (চরাচর)

চাড়, চার

চাড় [বি] ভারী বস্তুর প্রান্তভাগ উঁচু করা বা কোনো বস্তু খোলার জন্য যে চাপ প্রয়োগ করা হয়।

চার [বি] ৪ সংখ্যা

চার [বিণ] ৪ সংখ্যক

চার [বি] গুপ্তচর , গোয়েন্দা

বাঁশের সাঁকো

চার [বি] পানিতে ছুড়ে ফেলা হয় এমন সুগন্ধ মসলা যা মাছকে আকর্ষণ করে

ছ

ছড়া, ছোড়া, ছোরা , ছোঁড়া

ছড়া [বি] ছোটদের জন্য রচিত অন্ত্যমিলবিশিষ্ট পদ্য

ছড়ি দীর্ঘ ও সরু বস্তুর সংখ্যাসূচক বাংলা প্রত্যয় (হারছড়া)

গুচ্ছ (আঙুরের ছড়া)

ছড়িয়ে পড়া তরল পদার্থ (গোবরছড়া)

ছড়া [ক্রি বি] আঁচড় লাগা, ছাল ওঠা

ছড়া [বি] পাহাড় থেকে নির্গত জলধারা, ঝরনা, পাহাড়ি নদী

ছোঁড়া [বি] ছোকরা , কিশোর, বালক

ছোড়া [ক্রি বি] ইতস্তত নিক্ষেপ করা

ছোড়া [বিণ] ছুঁড়ে হয়েছে এমন, নিক্ষিপ্ত

ছোরা [বি] কাতারীরূপে ব্যবহৃত হাতলের সঙ্গে যুক্ত, ইস্পাতের সরু ও ধারালো লম্বা পাত , বড়ো আকারের ছুরি

ছাঁট, ছাঁৎ, ছাঁদ

ছাঁট [বি] কেটে বাদ দেওয়া টুকরো, বাড়তি অংশ

ছাঁটা বা কাটার পদ্ধতি (জামার ছাঁট)

ধরন (চুলের ছাঁট)

ছাঁট [বিণ] কেটে বাদ দেওয়া এমন (ছাঁট কাপড়)

ছাঁৎ [অব্য] বুকে হঠাৎ তীব্র শিহরন , আচমকা কোনো তপ্ত বস্তুর ছোঁয়া লাগার অনুভূতি

ছাঁদ [বি] ধরন , গড়ন, আদল (মুখের ছাঁদ]

ভঙ্গি, শৈলী (লেখার ছাঁদ)

ছাট, ছাত, ছাদ

ছাট [বি] বায়ুতাড়িত জলের বিন্দু (বৃষ্টির ছাট)

বেত, ছড়ি

ছাত [বি] ঘরের ওপরের আচ্ছাদন, চাল

ছাদ [বি] ঘরের চাল, গৃহের উপরিস্থ আচ্ছাদন, ছাত

জ

জড়, জর, জ্বর

জড় [বিণ] অচেতন, নির্বোধ, মূঢ়

জড় [বি] শিকড় , মূল

জর [বি] স্বর্ণ , ধন , মুদ্রা

জ্বর [বি] রোগজীবাণু সংক্রমণের ফলে দেহের তাপমাত্রা ও নাড়ির স্পন্দন বৃদ্ধি করে এমন রোগ

জাঁতি, জাতি, জ্ঞাতি

জাঁতি [বি] সুপারি কাটার যন্ত্রবিশেষ, সরতা

জাঁতাকল

জাতি [বি] প্রকার, শ্রেণি (মানুষ)

সামলক্ষণ বিচারে শ্রেণিবিন্যাস (নারীজাতি)

জন্মভূমি রাষ্ট্র ধর্ম বর্ণ প্রভৃতি অনুসারে জনগোষ্ঠীর শ্রেণিভেদ (বাঙালি জাতি)

জন্ম, উৎপত্তি

জ্ঞাতি [বি] একই বংশে জাত ব্যক্তি, স্বগোত্র

পিতৃবংশের লোক

জা, যা

জা [বি] দেবর বা ভাসুরের পত্নী

-জা [বি] সন্তান, কন্যা (আত্মজা)

যা [সর্ব] 'যাহা'র সংক্ষিপ্ত ও চলিত রূপ

যা [ক্রি] বর্তমানকালের মাধ্যম পুরুষে (আদর বা তুচ্ছার্থে) গমনের অনুজ্ঞা

জান, যান

জান [বি] জীবন, প্রাণ (জান বাঁচানো)

রাগরাগিণীর প্রধান সুর

কল্পিত ভবিষ্যদ্বক্তা

যান [বি] যার সাহায্যে এক স্থান থেকে অন্য স্থানে যাতায়াত করা যায় , বাহন

মার্গ, পথ (মহাযান)

জুড়ি, জুরি

জুড়ি [বি] সমান দুটির জোড়; সমান দ্বিতীয় ব্যক্তি (জুড়ি মেলা)

দোসর, সাথি

দুই ঘোড়ায় টানা গাড়ি (জুড়ি হাঁকানো)

যাত্রাদলের বৃন্দগায়ক

সেতারের যে দুটি তার একই সুরে বাঁধা হয়

জুড়ি [বিণ] যুগ্ম, সমকক্ষ

জুরি [বি] বিচারসভায় মতামত প্রদানের জন্য মনোনীত সমাজের সুধীজন, নির্ণায়ক সভা

জোড়, জোর

জোড় [বি] সংযোগ, সন্ধি (জোড়ের মুখ)

জোড়া (মানিকজোড়)

ধুতি ও চাদর

জোড় [বিণ] মিলিত, যুক্তি, একত্রিত (করজোড়)

জোর [বি] ক্ষমতা, শক্তি (গায়ের জোর)

তীব্রতা (গলার জোর)

দৃঢ়তা (মনের জোর)

দাবি, অধিকার (আত্মীয়তার জোর)

জোর [বিণ] চড়া (জোরগলা)

কড়া , অনড় (জোরজুলুম)

জরুরি (জোরতলব)

তীব্র (জোর প্রতিবাদ)

দ্রুত (জোড়কদম)

বিশেষ অনুকূল (জোর কপাল)

জ্যোতি, যতি

জ্যোতি [বি] উজ্জ্বলতা, দীপ্তি

গ্রহ, নক্ষত্র, প্রভৃতি

দৃষ্টিশক্তি (চোখের জ্যোতি)

যতি [বি] যিনি তপস্যা করেন, সন্ন্যাসী

ভিক্ষু, পরিব্রাজক

যতি [বি] যে নারীর স্বামী প্রয়াত, বিধবা

যতি [বি] যে চিহ্ন কোনো বাক্যের উপাদানসমূহের বিরতি ও সুরের ওঠানামা নির্দেশ করে, দাঁড়ি, কমা, সেমিকোলন, প্রভৃতি রচনার মধ্যকার বিরামচিহ্ন

ঝ

ঝড়, ঝরঝর

ঝড় [বি] বৃষ্টি ও বজ্রপাতের সঙ্গে প্রবলবেগে বায়ুপ্রবাহ, ঝটিকা, তুফান

ঝড় [বি] চূর্ণপদার্থ পড়ার শব্দ

ঝড় [বিণ] অবিরাম ধারায় ঝরছে এমন (ঝরঝর বৃষ্টি)

ঝরঝর [অব্য] অবিরল ধারায় জল পড়ার অনুকার শব্দ, কোনো তরল পদার্থের ক্রমাগত ক্ষরণ

ঝরঝর [অব্য] পরিচ্ছন্নতা বা নির্মলতার ভাব

ঝাড়া, ঝারা

ঝাড়া [ক্রি বি] ঝেড়ে পরিষ্কার করা (ধুলো ঝাড়া)

সঞ্চালন করা (গা ঝাড়া)

ত্যাগ করা (দুশ্চিন্তা ঝেড়ে ফেলা)

ক্রোধ মেটানো (ঝাল ঝাড়া)

বাছাই করা (ধান ঝাড়া)

ঝাড়া [বিণ] ঝেড়ে ফেলা হয়েছে এমন

সম্পূর্ণ (ঝাড়া মুখস্থ)

একটানা (ঝাড়া এক ঘন্টা)

ঝারা [বি] গাছে জল ছিটনার জন্য ব্যাবহৃত ছিদ্রযুক্ত জলপাত্র, ভৃঙ্গার (ঝারি)

ঝুড়ি, ঝুরি

ঝুড়ি [বি] বাঁশ বেত প্রভৃতির বোনা চওড়ামুখ পাত্র

ঝুরি [বি] গাছের শাখাপ্রশাখা থেকে ঝুলে আসা শিকড়সদৃশ জটা (বটের ঝুরি)

বেসন প্রভৃতির তেলেভাজা খাদ্যবস্তু

ঝোড়া , ঝোরা

ঝোড়া [বি] বাঁশ বেত প্রভৃতির তৈরি বড়ো ঝুড়ি

ঝোড়া [ক্রি বি] গাছের ডালপালা ছেঁটে পরিষ্কার করা

ঝোরা [বি] ঝরনা

ঝোরা [বি] ধানক্ষেতে শস্যহীন উদ্ভিদ

ট

টাড়, টার

টাড় [বি] হাতের ঊর্ধ্বাংশে পরিধেয় অলংকার বিশেষ

টার [বি] কাটার হাতিয়ারবিশেষ, দা, কাটারি

টাল, তাল

টাল [বি] ঝোঁক , বক্রতা, বক্রভাব

হেলে পড়ার ভাব

ধাক্কা, চোট , ঠ্যালা (টাল খেয়ে পড়া)

ঝুঁকি (টাল সামলানো)

স্তোকবাক্য, মিথ্যা প্রবোধ

টাল [বি] স্তূপ (বালির টাল)

আড়ত , গোলা

তাল [বি] উপবৃত্তাকার কালচে বাদামি তন্তুময় ফল

তাল [বি] সংগীতের সময়ের বিভাগ, ছন্দ

নির্দিষ্ট সময়ের পরে কোনো কিছুর ওপর মৃদু আঘাত (তাল ঠোকা)

ধকল (তাল সামলানো)

প্রবণতা

বায়না (তাল ধরা)

পিশাচ স্তূপ (সোনার তাল)

টিকা, টীকা

টিকা [বি] রোগ প্রতিরোধের ক্ষমতা সৃষ্টির জন্য দেহে প্রতিষেধক বীজ প্রয়োগ

টিকা [ক্রি বি]থাকা, অবস্থান করা (টিকে থাকা)

বজায় থাকা (ধোপে টিকা)

স্থায়ী হওয়া (কাপড়ের রং টিকা)

জীবিত থাকা (রোগীর টিকে থাকা)

টিকা {বি] হুঁকোর তামাকে আগুন দেওয়ার জন্য ভাতের মাড়ের সঙ্গে কাঠকয়লার গুঁড়ো মিশিয়ে তৈরী রোদে শুকানো চাকতিবিশেষ

টিকা [বি] কপালের টিপ, তিলক, রাজচিহ্ন

টীকা [বি] বিসতৃত ব্যাখ্যা,টিপ্পনী , গ্রন্থাদির ব্যাখ্যপুস্তক

ট্যাড়া, ট্যারা

ট্যাড়া [বিণ] তির্যক, বাঁকা

ট্যারা [বিণ] বাঁকা দৃষ্টিসম্পন্ন (ট্যারা চোখ)

কুটিল, উগ্র, রুক্ষ

ঠ

ঠোঙা, ঠোনা

ঠোঙা [বি] কাগজ বা পাতার তৈরী অস্থায়ী আধার

ঠোনা [বি] আঙুল দিয়ে চিবুকে মৃদু আঘাত, ঠোকনা

ঠান, থান

ঠান [বি] ঠাকুরানি

থান [বি] স্থান, আশ্রয়, ঠাঁই (নদীতীরে ওরা পাতার কুটিরে গড়েছে সুখের
থান)

পীঠস্থান, তীর্থস্থান

থান [বি] একেবারে বোনা বস্ত্রখণ্ড, পাড়হীন শাড়ি (থান কাপড়)

থান [বিণ] অখণ্ড, আস্ত (থান ইঁট)

জমাট (থানবাঁধা)

ড

ডাঁশ , ডাঁসা

ডাঁশ [বি] গোরু -মহিষকে কামরায় এমন বুনো মাছিবিশেষ

ডাঁসা [বিণ] অধপাকা (ডাঁসা পেয়ারা)

ডাঁসা [বি] নৌকার পাটাতনের আড়কাঠ

ঢ

ঢ্যাঁড়া, ঢ্যারা

ঢ্যাঁড়া [বি] ঢাকবিশেষ (ঢ্যাঁড়া পেটা)

ঢোলশোহরত

ঢ্যারা [বি] 'X' চিহ্ন (ঢ্যারা কাটা)

সুতো পাকানোর যন্ত্র

ত

তাড়া , তারা

তাড়া [ক্রি বি] ধাওয়া করা

তাড়া [বি] পশ্চাদ্ধাবন , প্রহার, ধমক, ভর্ৎসনা, ভীতিপ্রদর্শন,
আক্রমণাত্মক আচরণ

তাড়া [বি] কোনো কাজ দ্রুত সম্পাদনের জন্য পীড়াপীড়ি, ব্যস্ততা

তাড়া [বি] গোছা, আঁটি , গুচ্ছ (নোটের তাড়া)

তারা [বি] নক্ষত্র, চোখের মণি , সুরসপ্তকের সর্বোচ্চ স্তর, মুক্তা , উমা,
হোটেলের মাননির্দেশক চিহ্ন

তারা [ক্রি বি] উদ্ধার করা

তির , তীর

তির [বি] ধনুকের সাহায্যে নিক্ষেপ করা হয় এমন অস্ত্র, বাণ , শর

তির [বি] ঘরের ছাদের কড়ি

তীর [বি] কূল , তট , পাড়

তোড়, তোর

তোড় [বি] স্রোতের প্রবল বেগ (জলের তোড়ে ভেসে যাওয়া)

গতি অনর্গল বাকস্ফুরণ (কথার তোড়)

তোর [সর্ব] ষষ্ঠী বিভক্তির একবচনে), ‘তুই’-এর সম্বন্ধার্থক রূপ

তোড়া , তোরা

তোড়া [বি] গোছা, গুচ্ছ, স্তবক (ফুলের তোড়া)

টাকাপয়সা রাখার ছোটো থলে

নারীর পায়ের অলংকারবিশেষ

তোরা [সর্ব] নিকটজনের ক্ষেত্রে বা তুচ্ছার্থে ব্যবহৃত শব্দ, ‘তুই’ শব্দের
বহুবচন

তোরা [বি] পাগড়ির ওপর পরিধেয় অলংকার বা পালক

দ

দড়, দর

দড় [বিন] মজবুত, দৃঢ় (বাঁশের চেয়ে কঞ্চি দড়)

পটু, দক্ষ (কাজে দড়)

দর [বি] গহ্বর, ভয়, শঙ্কা

পাহাড়ের ফাটল

কম্প

প্রবাহ, ক্ষরণ

দর (বি] দাম, মূল্য, নিরিখ, মূল্যের হার

মর্যাদা, স্তর (উঁচুদরের গায়িকা)

দর [বিণ] ঈষৎ, কম

দর [বি] অভ্যন্তর (দরকচা)

অধীন (দর-ইজারা)

দশ, দোষ

দশ [বি] ১০ সংখ্যা

দশ [বিণ] ১০ সংখ্যক

দশ [বি] জনসাধারণ (দশে মিলে করি কাজ)

সমাজের বিশিষ্ট ব্যক্তিবর্গ

দোষ [বি] অন্যায়, অপরাধ, অনৈতিক কাজ (দোষ করা)

ক্রটি, খুঁত (দোষ ধরা)

কুঅভ্যাস (পানদোষ)

ফের, কুপ্রভাব (গ্রহের দোষ)

ক্ষতি, দ্বেষ, নিন্দা, পাপ

দাড়ি, দাঁড়ি

দাঁড়ি [বি] পূর্ণচ্ছেদচিহ্ন

তুলাদও

যে ব্যক্তি নৌকার দাঁড় টানে

টানা রেখা

দাড়ি [বি] চিবুক বা গালে উদ্গত রোমরাজি, শ্মশ্রু

দাশ, দাস

দাশ [বি] মৎসজীবি জাতিবিশেষ,

পদবিবিশেষ

দাস [বি] পরিচারক ক্রীতদাস (দাস ব্যবসায়)

অনুগত ব্যক্তি (অভ্যাসের দাস)

শূদ্র

ধ

ধন, ধান

ধন [বি] টাকাকড়ি, ধনসম্পত্তি, স্হাবর ও অস্হাবর সম্পত্তি, যোগচিহ্ন, স্নেহপূর্ণ সম্বোধন (বাছাধন)

ধান [বি] ধান্য

ওজনের পরিমাপবিশেষ, সিকি, রতি

ধনি , ধনী , ধ্বনি

ধনি [বি] সুন্দরী নারী, যুবতী, কুলবধূ

ধনি [বিণ] সাধুবাদ জ্ঞাপনের যোগ্য, প্রশংসনীয়া , ভাগ্যবতী

ধনী [বিণ] ধনবান, বিত্তশালী, মহাজন

দক্ষ, কুশল

ধ্বনি [বি] শব্দ, রব

কন্ঠস্বর

কাব্যের রস, ব্যঞ্জনা

ধাড়া , ধারা

ধাড়া [বি] তুলাদণ্ড, তৌলদণ্ড, দাঁড়িপাল্লা, কাঁটা

পদবিবিশেষ

ধারা [বি] প্রবাহ (জলের ধারা)

প্রবল বর্ষণ (ধারাপাত)

ঝরনা

নিয়ম (কাজের ধারা)

আইনের বিধি (১৪৪ ধারা)

পরম্পরা (বংশের ধারা)

চালচলন (কেমন ধারা)

ধরন

ধারা [ক্রি বি] ঋণী হওয়া বা থাকা

সংস্রব রাখা (ধার ধারা)

ধাড়ি, ধারি, ধারী

ধাড়ি [বি] যে পশু একাধিকবার শাবক প্রসব করেছে

ধাড়ি [বি] দেগে গমন , অগ্রণী, নেতা (অকর্মার ধাড়ি)

ধাড়ি [বিণ] বৃদ্ধ (বুড়োধাড়ি)

ঘাগী

ধারি [বি] মাটির ঘরের চারদিকে নির্মিত বারান্দা

পাড়

ধারি [বিণ] ঋণী

ধারী [বিণ] তীক্ষ্ম , ধারালো, ধারক

ধানি, ধানী

ধানি [বিণ] ধান চাষ হয় (ধানি জমি)

কাঁচা ধানের মতো সবুজ রংবিশিষ্ট (ধানি রঙের শাড়ি)

ধানের মতো ছোটো কিন্তু তীব্র ও ঝাঁঝালো (ধানি লঙ্কা)

ধানী [বি] আশ্রয়, স্থান (রাজধানী)

পাত্র, আধার (নস্যধানী)

ধুনি, ধুনী

ধুনি [বি] সন্ন্যাসী যে অগ্নিকুও জ্বালিয়ে রাখেন

ধুনী [বি] নদী , তটিনী

ধুপ, ধূপ

ধুপ [বি] রোদ

ধুপ [অব্য] কোনো কিছু পতনের লঘু শব্দ

ধূপ [বি] শাল গাছের নির্যাস থেকে তৈরী গন্ধদ্রব্যবিশেষ যাতে আগুন দিলে ধোঁয়া হয়, সর্জরস

ধুম, ধূম

ধুম [বি] সমারোহ, আড়ম্বর (মহা ধুমধাম)

ঘটা , জাঁকজমক

প্রাচুর্য, আধিক্য

তুমুল কোলাহল

ধূম [বি] জ্বলন্ত পদার্থ থেকে উদ্গত বাতাসে দৃশ্যমান কার্বন বা অন্য কোনো পদার্থের কণা , ধোঁয়া, ধূম্র

ধূম [বিণ] ধোঁয়ার মতো বর্ণবিশিষ্ট, ধূমল

ন

নন্দিত, নিন্দিত

নন্দিত [বিণ] আনন্দিত, সন্তোষপ্রাপ্ত

নিন্দিত [বিণ] নিন্দা করা হয়েছে এমন

তুলনায় মহত্তর (কাজলনিন্দিত কেশ)

নাড়ি , নারি , নারী

নাড়ি [বি] ধমনী, শিরা

সদ্যোজাত শিশুর নাভির সঙ্গে যুক্ত গর্ভনাড়ি

নারি [ক্রি] না পারি (যারে দেখতে নারি তার চলন বাঁকা)

নারী [বি] স্ত্রীকুলের প্রাপ্তবয়স্য মানুষ, মানবী

নিচ, নীচ, নীচু

নিচে (বা নীচে)[বিণ] 'উঁচুতে -র বিপরীত শব্দ।

নীচ [বিণ] হীন, নিকৃষ্ট (নীচ স্বভাব)

সংকীর্ণমনা

নীচু (বা নিচু) [বিণ] অবনত, হেঁট (মুখ নীচু)

নীড় , নীর

নীড় [বি] পাখির বাসা

আশ্রয়

নীর [বি] পাণি , জল, রস

নুন, ন্যূন

নুন [বি] সমুদ্রের জল শুকিয়ে প্রাপ্ত লবনাক্ত সাদা যৌগবিশেষ, লবণ

ন্যূন [বিণ] একটু কম, অপেক্ষাকৃত অল্প

নিকৃষ্ট

প

পড়া, পরা , পোড়া

পড়া [ক্রি বি] পতিত হওয়া (গাছ থেকে পড়া)

স্মরণ হওয়া (মনে পড়া)

আবৃত্তি করা (কবিতা পড়া)

উপাসনা করা (নামাজ পড়া)

আবদ্ধ হওয়া (জালে মাছ পড়া)

শরীর এলিয়ে দেওয়া (শুয়ে পড়া)

ধরা, লাগা (মরচে পড়া)

আক্রান্ত হওয়া (অসুখে পড়া)

আরম্ভ হওয়া (শীত পড়া)

ঝরা (পাতা পড়া)

গোচরে আসা (চোখে পড়া)

মূল্য হ্রাস পাওয়া (দাম পড়া)

বিপদগ্রস্ত হওয়া (বিপদে পড়া)

নত হওয়া (পায়ে পড়া)

উৎপাটিত হওয়া (চুল পড়া)

পশ্চাৎপদ হওয়া (পিছিয়ে পড়া)

ব্যয় হওয়া (খরচ পড়া)

শান্ত হওয়া (রাগ পড়া)

সৃষ্ট হওয়া (টাক পড়া)

আছাড় খাওয়া (পিছলে পড়া)

বিগলিত হওয়া (গলে পড়া)

অবসান হওয়া (বেলা পড়া)

পরা [বিণ] পরমা , শ্রেষ্ঠা (পরাবিদ্যা)

নিরতা (নৃত্যপরা)

পরা [ক্রি বি] পরিধান করা (কাপড় পরা)

অঙ্গে ধারণ করা (তিলক পরা)

পোড়া [ক্রি বি] দগ্ধ হওয়া, পুরা যাওয়া

যন্ত্রণা হওয়া

পোড়া [বি] দহন, জ্বালা

যন্ত্রণা (জ্বালাপোড়া)

পোড়া [বিণ] দগ্ধ , ভস্মীভূত

মন্দভাগ্য

পাট , পাঠ, পাত

পাট [বি] বীরুৎজাতীয় উদ্ভিদ যা থেকে উজ্জ্বল সোনালি আঁশ কাপড়, থলে, কার্পেট, প্রভৃতি তৈরির কাজে ব্যবহৃত হয়

রেশম

স্তর , ভাঁজ (পাট করা কাপড়)

পিঁড়ি

সিংহাসন, রাজতন্ত্র (রাজ্যপাট)

তীর্থস্থান (শ্রীপাট)

অস্তাচল (সূর্য নামে পাটে)

ফলক , কপাট (দরজার পাট }

পাট [বিণ] রাজকীয়, প্রধান (পাটরানি)

পাঠ [বি] পঠন (পাঠ করা)

আবৃতি (কবিতা-পাঠ)

পাত [বি] পতন (উল্কাপাত)

ক্ষরণ (রক্তপাত)

স্থাপন (দৃষ্টিপাত)

বিনাশ (দেহপাত)

সংঘটন (বিপৎপাত)

চ্যুতি (গর্ভপাত)

পাত [বি] গাছের পাতা

ধাতুর পাতলা চাদর (সোনার পাত)

ভোজনপাত্ররূপে ব্যবহৃত পাতা (কলার পাত)

পাটা, পাতা

পাটা [বি] তক্তা

বাটনা বাটার শিল

ভূমি ক্রয়ের দলিল, পাট্টা

বুকের বিস্তৃতি

সাহস (বুকের পাটা)

পাতা [বি] পত্র (গাছের পাতা)

বই বা কাগজের পৃষ্ঠা (চারের পাতা)

নেত্রপল্লব (চোখের পাতা)

মানবদেহের গোড়ালি থেকে আঙুল পর্যন্ত পায়ের তোলার অংশ (পায়ের পাতা)

পাতা [বিণ] পালনকর্তা, পালক, রক্ষক , রক্ষাকারী

পাতা [ক্রি বি] বিছিয়ে দেওয়া (আঁচল পাতা)

সাহায্য চাওয়া (হাত পাতা)

নোয়ানো (মাথা পাতা)

স্থাপন করা (সংসার পাতা)

জমানো (দই পাতা)

ষড়যন্ত্র করা (ফাঁদ পাতা)

গোপনে শোনা (আড়ি পাতা)

গোপনে অপেক্ষা করা (ওত পাতা)

বন্ধুত্ব করা (সই পাতা)

পাটি, পাতি, পাতী

পাটি [বি] শৃঙ্খলা (পরিপাটি)

জোড়ার একটি (জুতোর পাটি)

সারি (দাঁতের পাটি)

বেত প্রভৃতির তৈরী মসৃণ মাদুর (শীতলপাটি)

শ্রেণীবদ্ধ জনপদ

পাতি [বি] মাদুর বোনের জন্য ব্যবহৃত জলজ তৃণবিশেষ, বাঁশের তৈরী ছোটো ঝুড়ি, ফুলের সাজি, ছোটো পাতা

পাতি[বি] সমূহ (খরচাপাতি)

পাতি [বিণ] ছোটো প্রজাতির পর্যায়ভুক্ত (পাতিলেবু)

-পাতী [বিণ] পড়ে যাচ্ছে এমন , পতনোন্মুখ (সদ্যঃপাতী)

অন্তর্গত (অন্তঃপাতী)

পাড়, পার

পাড় [বি] তীর (দীঘির পাড়]

খেতের আল

কুয়ের দেওয়ালে লাগানো পোড়ামাটির বেষ্টনী, চাক

পাড় [বি] পরিধেয় বস্ত্রের প্রস্থবরাবর প্রান্তভাগ (শাড়ির পাড়)

পাড় [বি] কোনোকিছু চালানের জন্য প্রদত্ত পায়ের চাপ (টেঁকিতে পাড় দেওয়া)

পাড় [বি] ঘরের চাল ধরে রাখার জন্য খুঁটির ওপর স্থাপিত লম্বা বাঁশ বা কাঠ

পার [বি] অতিক্রমণ (নদী পার হওয়া)

উদ্ধার, পরিত্রাণ (পার পাওয়া)

পাড়া , পারা

পাড়া [ক্রি বি] বৃন্তচ্যুত করা (ফল পাড়া)

নামানো (তাক থেকে পাড়া)

বিছানো (পাত পাড়া)

প্রসব করা (ডিম পাড়া)

উচ্চৈঃস্বরে ডাকা (ডাক পাড়া)

অবতারণা করা (কথা পাড়া)

পাড়া [বি] মহল্লা (কুমারপাড়া)

পারা [ক্রি বি] সমর্থ হওয়া (কাজ করতে পৰ)

এঁটে ওঠা , আয়ত্তে আনতে সক্ষম হওয়া

পারা [বি] পারদ

পারা [বিণ] সদৃশ, তুল্য, মতো, (ওগো নদী , আপন বেগে পাগল-পারা)

পারা [ক্রি বিণ] যেন, বোধ হয়

পারা [বি] পবিত্র কোরানের তিরিশটি পরিচ্ছেদের যে কোনো একটি, খণ্ড

পাণি, পানি

পাণি [বি] হাত (বীণাপাণি)

পানি [বি] জল, বারি

পাঁক, পাক

পাঁক [বি] কাদা, কর্দম

পাক [বিণ] পবিত্র, পূত (পাকসাফ)

পাক [বি] অগ্নিতাপে রন্ধন (পাক করা)

হজম, পরিপাক (পাকাশয়)

পক্বতা

শুভ্রতা (চুলে পাক ধরা)

পরিণাম

পিঠ , পীঠ

পিঠ [বি] কাঁধ থেকে কোমর পর্যন্ত জীবদেহের পশ্চাদ্ভাগ, পৃষ্ঠ , পশ্চাৎ, পেছনে

বিপরীত দিক

পীঠ [বি] বেদি, দেবদেবীর অধিষ্ঠানক্ষেত্র

আসন, প্রতিষ্ঠান (বিদ্যাপীঠ)

ব

বড়া, বড়ো, বর

বড়া [বি] তেল বা ঘিয়ে ভাজা গোলাকার চ্যাপ্টা খাদ্যবস্তু।

বড়ো [বিণ] বিশাল, প্রচুর, বিপুল, মহান ,মহৎ, প্রধান, মুখ্য (বড়ো বাবু)

ধনী (বড়োলোক)

অতিশয় (বড়ো ঠান্ডা)

নিতান্ত (বড়োজোর)

সম্ভ্রান্ত (বড়ো ঘর)

বড়ো করা [ক্রি বিণ] পালন করা

বড়দা / বড়দি [বি] বড়ো দাদা / দিদি

বড়োসড়ো [বিণ] বড়ো আকৃতির

বড়ো হওয়া [ক্রি বিণ] গুরুত্বপূর্ণ হওয়া

বর [বি] বিবাহের পাত্র , স্বামী

আশীর্বাদ

অলৌকিক উৎস থেকে ক্ষমতা বা অভীষ্ট বস্তু লাভ

বর [বিণ] শ্রেষ্ঠ, উৎকৃষ্ট (নরবর)

ইপ্সিত , অভীষ্ট

সুন্দর, মনোহর

বলি, বলী

বলি [বি] যজ্ঞাদি উপলক্ষ্যে প্রাণীহত্যা, বিসর্জন, পূজার উপচার , জীবকে খাদ্যদান (বলিভুক)

রাজকর

দৈত্যবিশেষ

বলি [বিণ] দেহের চামড়া শিথিল হয়ে গেছে এমন (বলিরেখা)

বলিযুক্ত

বলী [বিণ] বলবান

বলী [বি] পরাক্রমশালী ব্যক্তি

বর্শা, বর্ষা

বর্শা [বি] লাঠির প্রান্তে ইস্পাতের ফলাযুক্ত ক্ষেপণাস্ত্রবিশেষ

শূল, কোঁচ

বর্ষা [বি] গ্রীষ্মের পরবর্তী ও শরতের পূর্ববর্তী ঋতু

বৃষ্টিপাত

বাড়, বার

বাড় [বি] বৃদ্ধি, পুষ্টি, উন্নতি, স্পর্ধা, ঔদ্ধত্য, বাড়াবাড়ি

বার [বি] সপ্তাহের নির্দিষ্ট দিন (শনিবার)

নির্দিষ্ট দিন)হাটবার)

সাধারণ)বারাঙ্গনা)

দফা (দুবার)

পালা, নিষেধ, তিথিবিশেষ

বার [বিণ] অমঙ্গলকর (বারবেলা)

বার [বি] বাহির

বার [বি] রাজসভা, দরবার

সময়

বোঝা, ভার, মোট

বার [বি] উকিলসমাজ (বার সমিতি), পানশালা

বাড়ি, বারি

বাড়ি [বি] লাঠি, দণ্ড , বেত প্রভৃতির আঘাত (লাঠির বাড়ি)

দণ্ড (পাচনবাড়ি)

বাড়ি [বি] বাসস্থান, আদি নিবাস

বারি [বি] জল, পানি, বৃষ্টি

বারি [বি] হাতি বাঁধার দড়ি

পিলখানা

জলপাত্র, কলসি

বাঁধা, বাধা

বাঁধা [ক্রি বি] আবদ্ধ করা (নৌকা বাঁধা)

তৈরি করা (ঘর বাঁধা)

রচনা করা (গান বাঁধা)

একত্র করা (জোট বাঁধা)

সংহত হওয়া (দানা বাঁধা)

সাহস সঞ্চয় করা (বুক বাঁধা)

বাঁধা [বিণ] বন্ধনযুক্ত (বাঁধা হাত-পা)

পাকা করা হয়েছে এমন (বাঁধা ঘাট), আবদ্ধ

বাধা [বি] প্রতিবন্ধ, অন্তরায়, বিঘ্ন, নিষেধ, উপদ্রব

বাধা [ক্রি বি] সংঘটিত হওয়া (ঝগড়া বাধা)

সায় না পাওয়া (বিবেকের বাধা)

কষ্ট বোধ করা

আটক হওয়া

বুঝতে অসুবিধে হওয়া

জড়িয়ে যাওয়া (কথা বাধা)

খণ্ডন করা

বিভিন্ন, ভিন্ন

বিভিন্ন : [বিণ] নানাপ্রকার, হরেক রকমের (পুজোতে বিভিন্ন উপকরণ
প্রয়োজন হয়।)

ভিন্ন : [বিণ] অন্য (ভিন্ন পথ); পৃথক (ভিন্নপথ); খণ্ডিত (ছিন্নভিন্ন);
[অব্য] ব্যতীত (তুমি ভিন্ন ওর কেউ নেই।)

বিশ , বিষ, বিস

বিশ [বি] ২০ সংখ্যা

বিশ [বিণ] ২০ সংখ্যক

বিষ [বি] যে পদার্থ দেহে প্রবেশ করলে মৃত্যু ঘটাতে পারে, গরল , হলাহল

অত্যন্ত বিরক্তিকর ব্যক্তি বা বস্তু (দুচোখের বিষ)

হিংসা, দ্বেষ প্রভৃতি মনোবৃত্তি

বিস [বি] পদ্মের ডাঁটা বা নাল, মৃণাল

বেশি, -বেশী

বেশি [বিণ] অধিক

বেশি [বি] প্রাচুর্য

-বেশী [বিণ] বেশধারী (ভদ্রবেশী)

ভ

ভাটা, ভাতা

ভাটা [বি] চাঁদ ও সূর্যের আকর্ষণে প্রতি চান্দ্রদিবসে দুবার করে সমুদ্র ও নদীর জলের পৃষ্ঠদেশের অবনতি

হ্রাস, কমতি (উৎসাহে ভাটা পড়া)

ভাতা [বি] পণ্যদ্রব্যের মূল্যবৃদ্ধি বাবত চাকুরেকে নির্দিষ্ট বেতনের অতিরিক্ত যে অর্থ দেওয়া হয় (মহার্ঘ ভাতা)

ভাষা, ভাসা

ভাষা [বি] নির্দিষ্ট কোনো অঞ্চলের বা দেশের অধিবাসীদের মনের ভাব প্রকাশ করার জন্য ব্যবহৃত শব্দাবলি ও তার প্রয়োগকৌশল (বাংলা ভাষা)

নিজস্ব ভাব প্রকাশের ভঙ্গি (রবীন্দ্রনাথের ছোটগল্পের ভাষা)

কথা, উক্তি (আধো-আধো ভাষা)

অঙ্গভঙ্গি বা সংকেতের সাহায্যে ভাবপ্রকাশ (ইশারা ভাষা)

ভাসা [ক্রি বি] জলের ওপর ভর করে থাকা (নদীতে ভাসা)

বায়ুস্তরের ওপর বিচরণ করা (আকাশে ভাসা)

প্লাবিত হওয়া (বন্যায় ভাসা)

মনে পড়া (স্মৃতিতে ভাসা)

সহায়হীন হওয়া

ভিটা, ভিত , ভীত

ভিটা [বি] পৈতৃক বাস্তুভূমি

উঁচুকরা যে ভূমির ওপর বাসগৃহ তৈরী করা হয়

ঘরের ভিত

পোতা

ভিত [বি] ভিত্তি, বুনিয়াদ, গৃহের বা দেওয়ালের যে অংশ মাটির নিচে থাকে

দিক, পাশ

উন্নত ভূমি

ভীত [বিণ] ভয় পেয়েছে এমন, শঙ্কিত

ম

মগ , মঘ

মগ [বি] তরল পদার্থ ধারণ বা পান করার জন্য ব্যবহৃত কাচ , চীনামাটি প্রভৃতির তৈরী হাতলযুক্ত লম্বাটে গোলাকার পাত্রবিশেষ

মগ [বি] ব্রহ্মদেশ বা আরাকানের অধিবাসী

আরাকানের দস্যুসম্প্রদায়

মগ [বি] চূড়া, শীর্ষ (মগডাল)

মগ [বিণ] আপ্লুত (আনন্দে ডগমগ)

মঘ [বি] পূজা

মট, মত

মট [অব্য] কঠিনপদার্থ ভাঙার অনুকার শব্দ

আঙুল মটকানোর অনুকার শব্দ

মত [বি] মনের ভাব, অভিমত (এ বিষয়ে ওঁর মত কী ?)

সম্মতি (এ কাজে আমার মত নেই)

সিদ্ধান্ত (মত বদল করা)

ধারা, পদ্ধতি (হোমিওপ্যাথিমতে চিকিৎসা)

বিধি, নিয়ম (পুরাণমতে)

মতো, মোট

মতো [বিণ] তুল্য, সদৃশ (আকাশের মতো বিশাল)

যোগ্য (মনে রাখার মতো)

মতো [ক্রি বিণ] অনুযায়ী (বিধিমতো কাজ করা)

মতো [অব্য] জন্য, সীমা (জন্মের মতো)

মোট [বি] সমষ্টি

মোট [বিণ] সার, মোদ্দা, মূল (মোট কথা)

মোট [ক্রি বিণ] সাকুল্যে

মোট [বি] বোঝা, ভার, বস্তা, পোঁটলা , গাঁটরি (মোটবাহী)

মড়া, মরা

মড়া [বি] মরদেহ, শব

মরা [ক্রি বি] প্রাণত্যাগ করা

ব্যাকুল হওয়া (ভেবে মরা)

হ্রাস পাওয়া , কমা (খিদে মরা)

শুকিয়ে যাওয়া

লুপ্ত হওয়া

মরা [বিণ] মৃত

শুকিয়ে গেছে এমন (মরা নদী)

খাদ্যযুক্ত

ভোঁতা

নিস্তেজ

মাড় , মার

মাড় [বি] চাল সেদ্ধ করে প্রাপ্ত ঘন তরল পদার্থ, ভাতের ফেন

মার [বি] প্রহার বা আঘাত

লোকসান, ক্ষতি (ব্যবসায় মার খাওয়া)

মার [বি] মরণ, মৃত্যু, বিনাশ, ধ্বংস

কেরামতি (ওস্তাদের মার শেষ রাত্রে)

কন্দর্প মারণ , বধ

মাড়া, মারা

মাড়া [ক্রি বি] মর্দন করা, পেষণ করা (আখ মাড়া)

মারা [ক্রি বি] হত্যা বা বধ করা (পাখি মারা)

অধাত করা (চাবুক মারা)

হত্যার উদ্দেশ্যে প্রয়োগ করা (ছুরি মারা)

নাশ করা (জাত মারা)

শুকানো (রস মারা)

ঠুকে বসানো (পেরেক মারা)

জোড়া দেওয়া (তালি মারা)

চুরি করা (পকেট মারা)

আত্মস্যাৎ করা (টাকা মারা)

বঞ্চিত করা (ভাত মারা)

জোরে ডাকা (হাঁক মারা)

ধরা (মাছ মারা)

মুদ্রিত করা (ছাপ মারা)

জাহির করা (চাল মারা)

লাগানো (টিকিট মারা)

দেখা ((উঁকি মারা)

মৃত, মৃৎ

মৃত [বিণ] গতপ্রাণ, প্রাণহীন, প্রয়াত

মৃৎ [বি] মৃত্তিকা, মাটি

র

রশা, রসা

রশা [বি] মোটা দড়ি, দড়া

রসা [বি] পৃথিবী

রসা [বিণ] প্রচুর রাসযুক্ত (রসা কাঁঠাল)

পচনোন্মুখ, সর্দিভারাক্রান্ত

রসা [বি] অল্প ঝোলে রাঁধা মাছ বা মাংসের ব্যঞ্জন

রসা [ক্রি বি] রসযুক্ত হওয়া, স্যাঁতসেঁতে হওয়া, পচে আসা, সর্দিতে আক্রান্ত হওয়া

রাড়, রাঢ়

রাড় [বিণ] গোঁয়ার

ইতর, নীচ

রাঢ় [বি] ভাগীরথী নদীর পশ্চিম তীরে অবস্থিত পশ্চিমবঙ্গের অংশ

রাশ, রাস

রাশ [বি] রাশি, স্তুপ, গাদা (একরাশ ফুল)

প্রকৃতি, আচরণ (রাশভারী)

জন্মরাশি (রাশনাম)

রাশ [বি] লাগাম, বল্গা , নিয়ন্ত্রণ (রাশ টেনে ধরা)

রাস [বি] কার্তিক মাসের পূর্ণিমায় গোপিনীদের সঙ্গে শ্রীকৃষ্ণের নৃত্যলীলা

রিপু, রিফু

রিপু [বি] শত্রু

রিফু [বি] সুচসুতো দিয়ে বুনে ছেঁড়া কাপড়ের জীর্ণ সংস্কার

রেশ, রেষ , রেস

রেশ [বি] বিলীয়মান অনুভূতি (আনন্দের রেশ)

শব্দ বা সুর শেষ হওয়ার পরেও মনে যে অনুরণন থেকে যায় (গানের রেশ)

আভাস (কল্পনার রেশ)

রেষ [বি] দ্বেষ, আক্রোশ, ঈর্ষা

রেস [বি] দৌড় প্রতিযোগিতা,ঘোড়দৌড়ের বাজি, প্রতিযোগিতা

ল

লক্ষ, লক্ষ্য

লক্ষ [বি] খেয়াল (লক্ষ করা)

শতসহস্র সংখ্যা (লাখ)

লক্ষ [বিণ] শতসহস্র সংখ্যক

অসংখ্য, সংখ্যাতীত (লক্ষ লক্ষ শ্রোতা)

লক্ষ্য [বি] উদ্দেশ্য, তাক , কাম্য বস্তু বা বিষয়

লক্ষ্য [বিণ] লক্ষণাশক্তিদ্বারা জ্ঞাত, উদ্দিষ্ট, জ্ঞেয়

লক্ষণ, লক্ষ্মণ

লক্ষণ [বি] চিহ্ন, নিদর্শন, পরিচয়, অভিজ্ঞান

আভাস

লক্ষ্মণ [বি] রামায়ণে বর্ণিত রামচন্দ্রের বৈমাত্রেয় ভাই, সুমিত্রার পুত্র

লাঠি, লাথি

লাঠি [বি] দাঁড়ানো বা চলার সময় ভারসাম্য রক্ষার অবলম্বন অথবা মারপিট প্রহরণ প্রভৃতির উপকরণরূপে ব্যবহৃত বেত কাঠ প্রভৃতির ছোটো দণ্ড , যষ্টি

লাথি [বি] পদাঘাত (লাথি মার , ভাঙ রে তালা)

লাশ, লাস

লাশ [বি] শব , মরদেহ

বিরাট বপু

লাশ [বি] জুতো তৈরী বা মেরামতির জন্য ব্যবহৃত কাঠামোবিশেষ

লাস [বি] নারীর নৃত্যের লীলায়িত ভঙ্গিমা, লাস্য

লুটা , লূতা

লুটা [ক্রি বি] লুণ্ঠন করা, আত্মসাৎ বা গ্রাস করা, আনন্দউৎসবে মত্ত হওয়া

লুটা [ক্রি বি] ভুলুণ্ঠিত হওয়া, ভূমিতে গড়াগড়ি দেওয়া

লূতা [বি] মাকড়সা

লেখ , লেখ্য

লেখ [বি] লিখন, লিখিত বিষয় (শিলালেখ)

লিপি

লেখ্য [বিণ] লেখনীয়, লেখার যোগ্য বা উপযুক্ত, লিখতে হবে এমন, লেখার জন্য ব্যবহৃত হয় এমন (লেখ্য ভাষা)

লেখ্য [বি] লিখিত চিঠিপত্র, চিত্র, আলেখ্য, দলিল-দস্তাবেজ

শ

শব, সব

শব [বি] মৃতদেহ, লাশ

সব [বিণ] সকল, সমস্ত

সব [সর্ব] সকল লোক

সমস্ত বিষয়

সব [বি] সর্বস্ব, সমস্ত সম্পদ (সবহারা)

শয্যা, সজ্জা

শয্যা [বি] বিছানা, যার ওপর শোয়া হয় (ধূলিশয্যা)

শয়ন, নিদ্রা (শয্যাগৃহ)

সজ্জা [বি] বেশভূষা, আয়োজন, অলঙ্করণ, সরঞ্জাম

শর, সর

শর [বি] স্বর, ধ্বনি (পঞ্চম শর)

শর [বি] তির (শর -ধনু)

শর [বি] একজাতীয় তৃণ

সর [বি] জাল দেওয়া দুধের উপরে জমাট বেঁধে যে পুরু স্তর তৈরী হয় (সরপুরিয়া)

সর [বি] সরোবর

সর [বি] নল-খাগড়ার গাছ

শাড়ি, শারি, সারি

শাড়ি [বি] নারীর পরিধেয় রূপে ব্যবহৃত কাপড়

শারি [বি] পাশার গুটিকা

স্ত্রী-শালিক

স্ত্রী-শুক

সারি [বি] পঙক্তি

মাঝিমাল্লাদের গানবিশেষ

শাপ, সাপ

শাপ [বি] অভিসম্পাত

সাপ [বি] পেশী সংকোচন-প্রসারণের সাহায্যে বুকে ভর করে চলে এমন প্রাণী, সর্প, নাগ , ভুজঙ্গ

শেঠ, শ্বেত , ষেট, সেট, স্বেদ

শেঠ [বি] বণিক, বড়ো ব্যবসায়ী, সওদাগর, পদবিবিশেষ

শ্বেত [বি] শুক্ল বর্ণ, সাদা রং

শ্বেত [বিণ] সাদা, শুভ্র (শ্বেতপদ্ম)

ষেট [বি] ষষ্ঠীদেবী

সেট [বি] একই আদলে তৈরী গহনা পোশাক প্রভৃতির সমষ্টি

নাটকের মঞ্চসজ্জা (সেট তৈরী)

কোনো লেখকের গ্রন্থের খণ্ডসমূহ

স্বেদ [বি] ঘাম, বাষ্প, তাপ

শোভা, সভা

শোভা [বি] কান্তি, দীপ্তি, ঔজ্জ্বল্য, মাধুরী, সৌন্দর্য

সভা [বি] আলোচনার উদ্দেশ্যে বৈঠক, সম্মেলন, সংঘ, পরিষদ (আইনসভা)

দরবার (রাজসভা)

শূর, শুঁড়, সুর, সূর

শূর [বিণ] বীর, শৌর্যবান , সাহসী

সূর্য

যোদ্ধা

শুঁড় [বি] হাতির নাসারন্ধ্রের সঙ্গে যুক্ত লম্বা নলের মতো নমনীয় ও শিথিল অঙ্গ যা দিয়ে মুখে খাদ্য তোলে এবং ভারী জিনিস ধরে উঁচু করে স্থানান্তর করতে পারে

কোনো প্রাণীর নাকের সুচালো ও শিথিল অংশবিশেষ

কীটপতঙ্গ প্রভৃতির মাথার ওপরের দুটি সংবেদী সূক্ষ্ম অঙ্গ, শুঙ্গ

সুর [বি]স্বর, ধ্বনি

কণ্ঠস্বর (নাকি সুর)

সংগীতের তাল

মত

সুর [বি] দেবতা

সূর্য

পণ্ডিত

সুর [বি] সূর্য

পণ্ডিত, জ্ঞানী ব্যক্তি

বীরপুরুষ

ষ

ষট, ষড়

ষট [বি] ছয় সংখ্যা

ষট [বিণ] ছয় সংখ্যক

ষড় [বি] চক্রান্ত, গোপন পরামর্শ (ষড়যন্ত্র)

ষত্ব, স্বত, স্বত্ব

ষত্ব [বিণ] ষ -সংক্রান্ত (ষত্ববিধি)

স্বত [অব্য, ক্রি বিণ] স্বয়ং, নিজে থেকে, নিজে

স্বত্ব [বি] বিষয়সম্পত্তি ব্যবসায় প্রভৃতিতে অধিকার বা মালিকানা (গ্রন্থস্বত্ব)

ষষ্ঠি, ষষ্ঠী

ষষ্ঠি [বি] ৬০ সংখ্যা

ষষ্ঠী [বি] সন্তানের রক্ষয়িত্রী বলে কল্পিত দেবী

তিথিবিশেষ (জামাইষষ্ঠী)

ষাঁড়, সাড়, সার

ষাঁড় [বি] বৃষ, ষণ্ড

লম্পট

সাড় [বি] চেতনা, অনুভূতি, বাহ্যজ্ঞান

সার [বি] পণ্ডিত , শ্রেণি

সার [বি] বৃক্ষের মজ্জা বা শাঁসবিশিষ্ট অংশ

উৎকৃষ্ট অংশ

অবশিষ্ট অংশ (কঙ্কালসার)

মর্মার্থ (সারাংশ)

দুধের সর

জমির উর্বরতা বাড়ায় এমন পদার্থ

একমাত্র সম্বল (কথাই সার)

সার [বিণ] শ্রেষ্ঠ, মূল (সার কথা)

ষোড়শী, সরসী

ষোড়শী [বিণ] ষোলো বছর বয়স্কা

ষোড়শী [বি] দশমহাবিদ্যার দেবীবিশেষ, যজ্ঞপাত্রবিশেষ

সরসী [বি] দিঘি , সরোবর, হ্রদ

স

সাড়া, সারা

সাড়া [বি] ধ্বনি, আওয়াজ (সাড়াশব্দ)

উত্তর (ডাকে সাড়া দেওয়া)

আলোড়ন, শোরগোল, হুঁশ, চেতনা, অনুভূতি

সারা [বিণ] সমগ্র, সম্পূর্ণ

সারা [বিণ] ক্লান্ত, অবসন্ন (যাচ্ছে কারা রৌদ্রে সারা)

আকুল, ব্যাকুল (কেঁদে সারা)

বিপদগ্রস্ত, শেষ

সারা [ক্রি বি] সঙ্গোপনে রাখা (টাকা সারা)

সমাপ্ত বা সম্পাদনা করা (দায় সারা)

পণ্ড করা (দফা সারা)

মেরামত করা (সাইকেল সারা)

আরোগ্যলাভ করা (জ্বর সারা)

সারা [বিণ] লুক্কায়িত, পণ্ড , দুর্দশাগ্রস্ত

হ

হাট, হাত

হাট [বি] সপ্তাহের নির্দিষ্ট দিনে ক্রয়বিক্রয়ের স্থান

বহু লোকের সমাবেশ

হাত [বি] বগল থেকে আঙুলের ডগা পর্যন্ত দেহের অংশ, বাহু , ভুজ, হস্ত, কর, পাণি

দৈর্ঘ্যের এককবিশেষ , আনুমানিক ১৮ ইঞ্চি (মানবদেহের কনুই থেকে মধ্যমার প্রান্তদেশ পর্যন্ত)

হাতির শুঁড়

অধিকার, বশবর্তিতা (হাত করা), প্রভাব

হাড়, হার

হাড় [বি] কোলাজেন তন্তুতে প্রোথিত ক্যালসিয়াম ফসফেট ও ক্যালসিয়াম কার্বোনেটের সমন্বয়ে গঠিত মেরুদণ্ডী প্রাণীর কাঠামো, অস্থি

হার [বি] গলায় ধারণের অলংকারবিশেষ, মালা, ভাগ, অনুপাত, দর

হার [বি] পরাজয়, পরাভব (হার মানা)

হাড়ি, হারী

হাড়ি [বি] জাতিবিশেষ

হারী [বিণ] হারশোভিত, হারযুক্ত

-হারী [বিণ] হরণকারী (চিওহারী)

বাহক

অপনোদনকারক (শোকহারী)

হড়, হর

হড় [বি] বহু লোকের বিশৃঙ্খল সমাবেশ, ভিড়, জনতার ঠেলাঠেলি, বেগ

হর [বি] অতিশয় সুন্দরী , বেহেশতের সুন্দরী

1

অ

অংশ, অংস

অংশ [বি] ভাগ (সম্পত্তির অংশ)

অঞ্চল

মালিকানা

অবতার

দেবতার ঔরস বা বীর্য

বিষয় বা দক্ষ (সে কোনো অংশে কম নয়।)

অংস [বি] স্কন্দ, কাঁধ

****

অকুল , অকূল

অকুল [বি] কল্পিত নীচ বংশ

অবহেলিত ও অনগ্রসর জাতি

অকূল [বিণ] তীরহীন, অপার অসীম

গভীর

নিবিড়

অকূল [বি] সমুদ্র

কঠিন বিপদ, সংকট

2

আ

আগর, আগড়

আগড় [বি] খিল, অর্গল; কপাটের পরিবর্তে ব্যবহৃত ঝাঁপ।
বাধা, প্রতিবন্ধকতা।

আগড়-বাগড় [বি] বেদরকারী জিনিসপত্র
অপ্রাসঙ্গিক কথা।

আগর [বি] গন্ধকাষ্ঠবিশেষ (আগরবাতি) , অগুরু।

[বি] কাঠ প্রভৃতি ছিদ্র করার হাতিয়ার, তুরপুন।

[বিণ] শ্রেষ্ঠ, প্রধান, চূড়ামণি।

[বি] নিলয়, আগার , আধার।

[বি] দীর্ঘসূত্রতা।

[অব্য] যদি।

****

আঁচড়, আঁচর

আঁচড় [বি] নখের আঘাত

অগভীর রেখা, দাগ

আঁচর [বি] শাড়ির প্রান্তভাগ, আঁচল

****

আঁট, আঁত, আট

আঁট [বি] দৃঢ়তা

বাঁধুনি

কাঙ্ক্ষিত বা উপযুক্ত মাপের সামান্য ঘাটতি

আঁট [বিণ] টানটান, মাপে ছোট

দৃঢ়বদ্ধ, দৃঢ়

জমাট, কাঠিন্যপ্রাপ্ত

আঁত [বি] নাড়ি

পেট , জঠর, উদর

হৃদয়, অন্তর

মনোভাব

আট [বি] ৮ সংখ্যা

আট [বিণ] ৮ সংখ্যক

****

আঁটা, আটা, আতা

আঁটা [ক্রি বি] সংকুলান হওয়া, ঝুলানো (বাক্সে আঁটা)

লাগানো (দরজায় খিল আঁটা)

কষে বা শক্ত করে বাঁধা (কোমরবন্ধ আঁটা)

বাঁধা বা পরিধান করা (পাগড়ি আঁটা)

আঠা লাগিয়ে সেঁটে দেওয়া (খামে ডাকটিকিট আঁটা)

স্থির করা, নির্ধারণ করা (ফন্দি আঁটা)

আঁটা [বিণ] বদ্ধ , বন্ধ

আটা [বি] গমের গুঁড়ো , গোধূমচূর্ণ

আটা [বি] আটফোঁটাযুক্ত তাস

আঠা [বি] চটচটে পদার্থ সেঁটে জোড়া দেওয়ার জন্য ব্যবহৃত, কাই, গাঁদ

আতা [বি] গ্রীষ্মকালে ফোটে এমন তিন পাপড়িযুক্ত সাদাটে ফুল, গোলাকার ফল, তার পত্রমোচী উদ্ভিদ

****

আবরণ, আভরণ

আবরণ [বি] আচ্ছাদন, ঢাকনি, আবৃতকরণ

আভরণ [বি] ভূষণ, অলংকার, গহনা

****

আশা, আসা

আশা [বি] কাঙ্ক্ষিত কোনোকিছু পাওয়ার বাসনা , প্রত্যাশা (চাকরি পাওয়ার আশা)

আশ্বাস, ভরসা (আশা দেওয়া)

দিক (পূর্বাশা)

আসা [ক্রি বি] আগমন করা, উপস্থিত হওয়া (স্কুলে আসা)

উদ্রেক হওয়া (চোখে জল আসা)

জোগানো (মাথায় বুদ্ধি আসা)

উপযোগী হওয়া (কাজে আসা)

আরম্ভ হওয়া (বৃষ্টি আসা)

উপার্জন হওয়া (হাতে টাকা আসা)

শেষ হওয়ার উপক্রম হওয়া (নিভে আসা)

উদয় হওয়া (মনে আসা)

ঘটা , হওয়া (বিপদ আসা)

প্রবেশ করা (ঘরে রোদ আসা)

উপক্রম হওয়া (বমি আসা)

বৃদ্ধি পাওয়া (উঠানে পানি আসা)

আসা [বি] দণ্ড, লাঠি (আসাবরদার)

ই

ইস, ঈশ, ঈষ

ইস [অব্য] বিস্ময়, অবিশ্বাস, ক্লেশ, দুঃখ, প্রভৃতিজ্ঞাপক শব্দ

ঈশ [বি] আল্লাহ, ঈশ্বর

প্রভু,

রাজা, অধিপতি

ঈষ [বি] লাঙলের ফলা

****

ইহা, ঈহা

ইহা [সর্ব] এই বস্তু, এই বিষয়, এই

ঈহা [বি] চেষ্টা

ইচ্ছা, স্পৃহা

লিপ্সা

4

উ

উড়ু-উড়ু, উরু, ঊরু

উড়ু-উড়ু [বিণ] উড়তে উদ্যত

অস্থির, উচাটন

পালাই পালাই ভাবযুক্ত

চঞ্চল

উরু [বিণ] প্রশস্ত, বিশাল

মহৎ

ঊরু [বি] , মানবদেহের কুঁচকি থেকে হাঁটু পর্যন্ত অংশ, উরুত

****

উন, ঊণ

উন [বিণ] কম, ন্যূন (উনচল্লিশ)

দুর্বল

অসম্পূর্ণ

হীন

উন [বি] পশমি সুতোয় বোনা কাপড়; পশমি সুতো

ঊণ [বি] পশুর লোম থেকে তৈরী সুতো

5

এ

❧

একদা, একধা

একদা [ক্রি বিণ] কোনো এক কালে, কোনো এক সময়ে।

একই কালে, যুগপৎ

কদাচিৎ

একধা [বিণ] একপ্রকার।

[বি] একদিক , একবিষয়।

****

একশ, একশা

একশ [বি] 'একশত'-র চলিত রূপ

একশা [বিণ] একাকার (ভিজে একশা); সম্পূর্ণ

একত্রমিলিত ; এক সমান

6

ও

ওড়, ওর

    ওড় [বি] জবাফুল

    ওর [বি] সীমা , অবধি, শেষ, প্রান্তদেশ

    দিক, পক্ষ, তরফ

    ওর [সর্ব] সর্ব, ‘তাহার’ এর কথ্য রূপ

7

ক

কড়ি, করী

কড়ি [বি] শামুকজাতীয় সামুদ্রিক জীবের খোল

কপর্দক , অর্থ, ধন (টাকাকড়ি)

পারানির মাশুল (আমার শেষ পারানির কড়ি)

সংগীতের মধ্যম ও পঞ্চম মধ্যবর্তী সুর

কড়ি [বিণ] কড়া , তীব্র

কড়ি [বি] ভার ধারণের জন্য ছাদের নিচে আড়াআড়িভাবে লাগানো কাঠের বরগা, আড়া

করী [বি] হস্তী , হাতি

****

কনে, কোণে

কনে [বি] বিবাহের পাত্রী;

বিবাহযোগ্যা কন্যা;

নববধূ, নববিবাহিত কন্যা

কোণে [বি] পরস্পর মিলিত দুটি সরলরেখার মধ্যবর্তী স্থানে (ত্রিভুজের কোণ),

দুই পার্শ্বের মিলনস্থানে (ঘরের কোণ),

সূক্ষ্ম প্রান্তে (আঁখিকোণে),

অস্ত্রাদির অগ্রভাগে (ছুরির কোণ),

খুঁট (কাপড়ের কোণ)

****

কমল, কোমল

কমল [বি] পদ্ম , অরবিন্দ, উৎপল, কুমুদ

কোমল [বিণ] নরম (কোমল শয্যা)

ললিত ; মধুর (কোমল কণ্ঠ)

মৃদু (কোমল আঘাত)

কোমল [বি] গানে শুদ্ধ স্বরের চেয়ে নিচু পর্দা

****

কশ, কষ, কোষ

কশ [বি] ওষ্ঠাধরের দুই কোণ , সৃক্কণী

কষ [বি] কষায় রস, গাছের কটু রস

কষ [বি] সোনা প্রভৃতি ধাতুর বিশুদ্ধতা যাচাইয়ের জন্য ব্যবহৃত কালো পাথরবিশেষ , কষ্টিপাথর

কোষ [বি] সূক্ষ্ম পর্দায় আবৃত জীবনটা কলা

ভান্ডার (রাজকোষ)

ধনরত্ন

আধার, থলি (বীজকোষ)

খাপ (কোষবদ্ধ তরবারি)

কোয়া (কাঁঠালের কোষ)

অভিধান গ্রন্থ (শব্দকোষ)

রেশমের গুটি

মুকুল, কুঁড়ি (পদ্মকোষ)

****

কশা, কষা

কশা [বি] চাবুক, কশাঘাত

কষা [বিণ] কষায় রাসবিশিষ্ট; চামড়ায় কষ দেওয়া

কষা [ক্রি বি] কষ্টিপাথরে ঘষে সোনা যাচাই করা

গণিতে ফল নির্ণয় করা (অঙ্ক কষা)

মূল্য স্থির করা (দর কষা)

কষা [বিণ] নিকষে পরীক্ষিত

কষা [বিণ] সাঁতলানো , আঁট করে বাঁধা

শক্তি প্রয়োগ করা (কষে চড় মারা)

শক্ত করা (কষে বাঁধা)

রুক্ষ হওয়া (শরীর কষে যাওয়া)

****

কাশি, কাশী

কাশি [বি] শ্বাসনালির প্রদাহজনিত রোগবিশেষ , কর্ণনিঃসৃত শ্লেষ্মা।

কাশী [বি] তীর্থস্থানবিশেষ, বেনারস, বারাণসী।

****

কি, কী

কি : [অব্য] সংশয়সূচক প্রশ্নবাচক শব্দ যার উত্তর 'হ্যাঁ ' কিংবা 'না',

(কাজটা হয়েছে কি ?)

কী : [অব্য] বিস্ময়সূচক পদ (কী আশ্চর্য !); [সর্ব] কোন বস্তু (কী চাও

?); [বিণ] কেমন (কী করে ?)

****

কুল, কূল

কুল [বি] বংশ (রঘুকুল)

অভিজাত্য, সন্তান, সমাজ (কুলত্যাগ), আবাস , পুঞ্জ , যূথ (প্রাণিকুল)

কুল [বি] ভারতীয় উপমহাদেশে জাত কাঁটাযুক্ত মাঝারি আকৃতির পত্রমোচী বৃক্ষ বা তার শক্ত বীজবিশিষ্ট সবুজাভ টকমিষ্টস্বাদ গোলাকার শীতকালীন ফল, বরই

কুল [বি] তান্ত্রিক ধর্মসম্প্রদায়, তান্ত্রিক সাধনার পথ, জনপদ

কূল [বি] তীর, কিনারা (নদীর কূল), আশ্রয় (অকূলের কূল), সীমা , অন্ত , অবধি (দুঃখের কূল নাই)

****

কোণ, কোন, কোনো, কোনও

কোণ : [বি] কোনা (ত্রিভুজের কোণ, ঘরের কোণ , আঁখিকোণ, ছুরির কোণ); লাজুক (কোণঘেঁষা); উপেক্ষিত (কোণঠাসা)

কোন : [সর্ব] কী , কে (কোনটি ?)

কোনো : [সর্ব, বিণ] কে বা কী (কোনো বিষয়); বহুর মধ্যে একটি বা একজন (কোনো লোকই আসেনি); মাঝে মাঝে (কোনো কোনো দিন সে আসে); যে কোনো উপায়ে (কাজটি কোনো না কোনোভাবে করতে হবে); কষ্টেসৃষ্টে (এই টাকায় কোনোমতে / কোনোরকমে চালিয়ে নিতে হবে)

কোনও : [সর্ব, বিণ] বহুর মধ্যে এক

****

কোনা : [বি] প্রান্ত, ধার (কোনাকুনি)

কোণযুক্ত , কোণবিশিষ্ট, কোনাচে

****

ক্রিয়া, ক্রীড়া

ক্রিয়া [বি] কাজ, কর্ম। অভ্যাস, কৃত্য (নিত্যক্রিয়া), পূজা পার্বন বিবাহ প্রভৃতি শাস্ত্রীয় অনুষ্ঠান, সংস্কার, ধাতুর অর্থ প্রকাশ করে এমন পদ।

ক্রীড়া [বি] খেলা, তামাশা, কৌতুকপ্রদ অনুষ্ঠান।

৪

খ

খড় , খর, খরখরে

খড় [বি] ধান, গম প্রভৃতি শস্য ছাড়িয়ে নেওয়ার পর পরিত্যক্ত শুকনো অংশ, বিচালি

খর [বিণ] প্রখর, প্রচন্ড (খরতাপ)

প্রবল (খরস্রোতা)

ধারালো, তীক্ষ্ণ (খরকৃপাণ)

রূঢ়, কঠোর (খরবচন)

ক্ষারমিশ্রিত (খরজল)

খর [বি] খচ্চর , অশ্বতর, কাক

খরখরে [বিণ] কর্কশ, অমসৃণ (খরখরে ত্বক)

প্রখর (খরখরে রোদ)

৭

গ

গড়, গড়গড়, গড়গড়া, গর, গরগর

গড় : (বি) কেল্লা, দুর্গ [গড়ের মাঠ]

সাষ্টাঙ্গ প্রণাম [গড় করা]

গড়পড়তা বা মোটামুটি হিসাবে

গড়গড় : (অব্য) মেঘের গর্জন, কোনোকিছু গড়িয়ে যাওয়ার শব্দ

গড়গড়া : (বি) হুঁকো

গর : (বি) বিষ, গরল , ব্যাধি

গর : (অব্য) বৈপরীত্য শব্দ [গরহাজির]

গরগর : (অব্য বি) ক্রোধ, বিরক্তি প্রভৃতি মনোভাব প্রকাশক শব্দ [রাগে গরগর করা]

গরগর : (বিণ) গদ্গদ , অভিভূত

****

গুণ, গুন, গুনগুন

গুণ : (বি) স্বভাব, প্রকৃতি [গুণবান]; নৌকার দড়ি [গুণ টানা]; গুনন [2 কে 3 দিয়ে গুণ করা]; বশীকরণ [গুণ করা]; ধনুকের জ্যা [ধনুর্গুণ]

গুন : (বি) ছোট সেলাই করার মোটা সূচ

গুনগুন : (অব্য, বি) মধুর ধ্বনি, মৃদু গুঞ্জন

****

গুড়, গূঢ়

গুড় [বি] আখ, খেজুর তাল প্রভৃতির রস ঘন করে তৈরী মিষ্ট খাদ্যবস্তু

গুড় [বি] মূলদেশ , গোড়া

চরণ , পা

গোড়ালি

গূঢ় [বিণ] গুপ্ত, লুক্কায়িত)গূঢ় পথ)

দুর্বোধ্য , জটিল (গূঢ় তত্ত্ব)

দুর্গম (গূঢ় রহস্য)

নিভৃত

★★★✲✲✲✲✲✲✲✲✲✲★★★★★★★★★★★★★★★

গোঁড়, গৌর

গোঁড় : (বি), অবিভক্ত বঙ্গের প্রাচীন নাম

গৌর : (বিণ) উজ্জ্বল বর্ণযুক্ত, গোরা

10

ঘ

ঘড়ঘড়, ঘর

ঘড়ঘড় [অব্য] মানুষের শ্বাসনালিতে শ্লেষ্মা জমে থাকার ফলে শ্বাসগ্রহণ বা নাসিকা গর্জনের অনুকার শব্দ

ঘর [বি] গৃহ, কক্ষ (পড়ার ঘর), আশ্রয়, ঠাঁই

সংসার (ঘর করা)

পরিবার (এক ঘর বাঙালি)

কূল (উষ্ণঘর)

হিসাবের খাত (জমার ঘর)

অফিস (ডাকঘর)

ছিদ্র (বোতামের ঘর)

গদি (মহাজনের ঘর)

অভ্যন্তর (ঘরেবাইরে)

স্থান (খেলাঘর)

****

ঘড়া , ঘোড়া, ঘোরা

ঘড়া [বি] বড়ো কলসি, পিতলের কলস

ঘোড়া [বি] ঘোটক , অশ্ব , হয়, তুরঙ্গম, তুরগ

ঘোড়া [বি] দাবা খেলার ঘুটিবিশেষ, বন্দুকের চাবি, ইঞ্জিন বা মোটরের শক্তি পরিমাপের একক (এক ঘোড়ার ইঞ্জিন)

ঘোরা [ক্রি বি] আবর্তন করা, পাক খাওয়া, হাঁটাহাঁটি করা, বারবার যাতায়াত করা, ভ্রমণ করা, চলতে থাকা

11

চ

চড় , চর, -চর

চড় [বি] হাতের তালু দিয়ে আঘাত, চাপড়, থাপ্পড়, চপেটাঘাত।

চর [বি] থিতিয়ে পড়া পলি থেকে নদীবক্ষে উৎপন্ন ভূভাগ, দ্বীপ। গোচারণভূমি।

চর [বি] যে ব্যক্তি গোপনে তথ্য সংগ্রহ করে, গোয়েন্দা।

-চর [বিণ] বিচরণকারী (জলচর)

জঙ্গম, গমনশীল (চরাচর)

****

চাড়, চার

চাড় [বি] ভারী বস্তুর প্রান্তভাগ উঁচু করা বা কোনো বস্তু খোলার জন্য যে চাপ প্রয়োগ করা হয়।

চার [বি] ৪ সংখ্যা

চার [বিণ] ৪ সংখ্যক

চার [বি] গুপ্তচর , গোয়েন্দা

বাঁশের সাঁকো

চার [বি] পানিতে ছুড়ে ফেলা হয় এমন সুগন্ধ মসলা যা মাছকে আকর্ষণ করে

12

ছ

ছড়া, ছোড়া, ছোরা , ছোঁড়া

ছড়া [বি] ছোটদের জন্য রচিত অন্ত্যমিলবিশিষ্ট পদ্য

ছড়ি দীর্ঘ ও সরু বস্তুর সংখ্যাসূচক বাংলা প্রত্যয় (হারছড়া)

গুচ্ছ (আঙুরের ছড়া)

ছড়িয়ে পড়া তরল পদার্থ (গোবরছড়া)

ছড়া [ক্রি বি] আঁচড় লাগা, ছাল ওঠা

ছড়া [বি] পাহাড় থেকে নির্গত জলধারা, ঝরনা, পাহাড়ি নদী

ছোঁড়া [বি] ছোকরা , কিশোর, বালক

ছোড়া [ক্রি বি] ইতস্তত নিক্ষেপ করা

ছোড়া [বিণ] ছুঁড়ে হয়েছে এমন, নিক্ষিপ্ত

ছোরা [বি] কাতারীরূপে ব্যবহৃত হাতলের সঙ্গে যুক্ত, ইস্পাতের সরু ও
ধারালো লম্বা পাত , বড়ো আকারের ছুরি

****

ছাঁট, ছাঁৎ, ছাঁদ

ছাঁট [বি] কেটে বাদ দেওয়া টুকরো, বাড়তি অংশ

ছাঁটা বা কাটার পদ্ধতি (জামার ছাঁট)

ধরন (চুলের ছাঁট)

ছাঁট [বিণ] কেটে বাদ দেওয়া এমন (ছাঁট কাপড়)

ছাঁৎ [অব্য] বুকে হঠাৎ তীব্র শিহরন , আচমকা কোনো তপ্ত বস্তুর ছোঁয়া
লাগার অনুভূতি

ছাঁদ [বি] ধরন , গড়ন, আদল (মুখের ছাঁদ)
ভঙ্গি, শৈলী (লেখার ছাঁদ)
****

ছাট, ছাত, ছাদ
ছাট [বি] বায়ুতাড়িত জলের বিন্দু (বৃষ্টির ছাট)
বেত, ছড়ি
ছাত [বি] ঘরের ওপরের আচ্ছাদন, চাল
ছাদ [বি] ঘরের চাল, গৃহের উপরিস্থ আচ্ছাদন, ছাত

13
জ

জড়, জর, জ্বর

জড় [বিণ] অচেতন, নির্বোধ, মূঢ়

জড় [বি] শিকড় , মূল

জর [বি] স্বর্ণ , ধন , মুদ্রা

জ্বর [বি] রোগজীবাণু সংক্রমণের ফলে দেহের তাপমাত্রা ও নাড়ির স্পন্দন বৃদ্ধি করে এমন রোগ

****

জাঁতি, জাতি, জ্ঞাতি

জাঁতি [বি] সুপারি কাটার যন্ত্রবিশেষ, সরতা

জাঁতাকল

জাতি [বি] প্রকার, শ্রেণি (মানুষ)

সামলক্ষণ বিচারে শ্রেণিবিন্যাস (নারীজাতি)

জন্মভূমি রাষ্ট্র ধর্ম বর্ণ প্রভৃতি অনুসারে জনগোষ্ঠীর শ্রেণিভেদ (বাঙালি জাতি)

জন্ম, উৎপত্তি

জ্ঞাতি [বি] একই বংশে জাত ব্যক্তি, স্বগোত্র

পিতৃবংশের লোক

****

জা, যা

জা [বি] দেবর বা ভাসুরের পত্নী

-আ [বি] সন্তান, কন্যা (আত্মজা)

যা [সর্ব] 'যাহা'র সংক্ষিপ্ত ও চলিত রূপ

যা [ক্রি] বর্তমানকালের মাধ্যম পুরুষে (আদর বা তুচ্ছার্থে) গমনের অনুজ্ঞা

****

জান, যান

জান [বি] জীবন, প্রাণ (জান বাঁচানো)

রাগরাগিণীর প্রধান সুর

কল্পিত ভবিষ্যদ্বক্তা

যান [বি] যার সাহায্যে এক স্থান থেকে অন্য স্থানে যাতায়াত করা যায় , বাহন

মার্গ, পথ (মহাযান)

****

জুড়ি, জুরি

জুড়ি [বি] সমান দুটির জোড়; সমান দ্বিতীয় ব্যক্তি (জুড়ি মেলা)

দোসর, সাথি

দুই ঘোড়ায় টানা গাড়ি (জুড়ি হাঁকানো)

যাত্রাদলের বৃন্দগায়ক

সেতারের যে দুটি তার একই সুরে বাঁধা হয়

জুড়ি [বিণ] যুগ্ম, সমকক্ষ

জুরি [বি] বিচারসভায় মতামত প্রদানের জন্য মনোনীত সমাজের সুধীজন, নির্ণায়ক সভা

****

জোড়, জোর

জোড় [বি] সংযোগ, সন্ধি (জোড়ের মুখ)

জোড়া (মানিকজোড়)

ধুতি ও চাদর

জোড় [বিণ] মিলিত, যুক্ত, একত্রিত (করজোড়)

জোর [বি] ক্ষমতা, শক্তি (গায়ের জোর)

তীব্রতা (গলার জোর)

দৃঢ়তা (মনের জোর)

দাবি, অধিকার (আত্মীয়তার জোর)

জোর [বিণ] চড়া (জোরগলা)

কড়া , অনড় (জোরজুলুম)

জরুরি (জোরতলব)

তীব্র (জোর প্রতিবাদ)

দ্রুত (জোড়কদম)

বিশেষ অনুকূল (জোর কপাল)

****

জ্যোতি, যতি

জ্যোতি [বি] উজ্জ্বলতা, দীপ্তি

গ্রহ, নক্ষত্র, প্রভৃতি

দৃষ্টিশক্তি (চোখের জ্যোতি)

যতি [বি] যিনি তপস্যা করেন, সন্ন্যাসী

ভিক্ষু, পরিব্রাজক

যতি [বি] যে নারীর স্বামী প্রয়াত, বিধবা

যতি [বি] যে চিহ্ন কোনো বাক্যের উপাদানসমূহের বিরতি ও সুরের ওঠানামা নির্দেশ করে, দাঁড়ি , কম, সেমিকোলন, প্রভৃতি রচনার মধ্যকার বিরামচিহ্ন

14

ঝ

ঝড় , ঝরঝর

ঝড় [বি] বৃষ্টি ও বজ্রপাতের সঙ্গে প্রবলবেগে বায়ুপ্রবাহ, ঝটিকা, তুফান

ঝড় [বি] চূর্ণপদার্থ পড়ার শব্দ

ঝড় [বিণ] অবিরাম ধারায় ঝরছে এমন (ঝরঝর বৃষ্টি)

ঝরঝর [অব্য] অবিরল ধারায় জল পড়ার অনুকার শব্দ, কোনো তরল পদার্থের ক্রমাগত ক্ষরণ

ঝরঝর [অব্য] পরিস্ছন্নতা বা নির্মলতার ভাব

****

ঝাড়া, ঝারা

ঝাড়া [ক্রি বি] ঝেড়ে পরিষ্কার করা (ধুলো ঝাড়া)

সঞ্চালন করা (গা ঝাড়া)

ত্যাগ করা (দুশ্চিন্তা ঝেড়ে ফেলা)

ক্রোধ মেটানো (ঝাল ঝাড়া)

বাছাই করা (ধান ঝাড়া)

ঝাড়া [বিণ] ঝেড়ে ফেলা হয়েছে এমন

সম্পূর্ণ (ঝাড়া মুখস্থ)

একটানা (ঝাড়া এক ঘন্টা)

ঝারা [বি] গাছে জল ছিটনার জন্য ব্যাবহৃত ছিদ্রযুক্ত জলপাত্র, ভৃঙ্গার (ঝারি)

****

ঝুড়ি, ঝুরি

ঝুড়ি [বি] বাঁশ বেত প্রভৃতির বোনা চওড়ামুখ পাত্র

ঝুরি [বি] গাছের শাখাপ্রশাখা থেকে ঝুলে আসা শিকড়সদৃশ জটা (বটের ঝুরি)

বেসন প্রভৃতির তেলেভাজা খাদ্যবস্তু

****

ঝোড়া , ঝোরা

ঝোড়া [বি] বাঁশ বেত প্রভৃতির তৈরি বড়ো ঝুড়ি

ঝোড়া [ক্রি বি] গাছের ডালপালা ছেঁটে পরিষ্কার করা

ঝোরা [বি] ঝরনা

ঝোরা [বি] ধানক্ষেতে শস্যহীন উদ্ভিদ

15

ট

টাড়, টার

টাড় [বি] হাতের ঊর্ধ্বাংশে পরিধেয় অলংকার বিশেষ

টার [বি] কাটার হাতিয়ারবিশেষ, দা, কাটারি

****

টাল, তাল

টাল [বি] ঝোঁক , বক্রতা, বক্রভাব

হেলে পড়ার ভাব

ধাক্কা, চোট , ঠ্যালা (টাল খেয়ে পড়া)

ঝুঁকি (টাল সামলানো)

স্তোকবাক্য, মিথ্যা প্রবোধ

টাল [বি] স্তুপ (বালির টাল)

আড়ত , গোলা

তাল [বি] উপবৃত্তাকার কালচে বাদামি তন্তুময় ফল

তাল [বি] সংগীতের সময়ের বিভাগ, ছন্দ

নির্দিষ্ট সময়ের পরে কোনো কিছুর ওপর মৃদু আঘাত (তাল ঠোকা)

ধকল (তাল সামলানো)

প্রবণতা

বায়না (তাল ধরা)

পিশাচ স্তুপ (সোনার তাল)

****

টিকা, টীকা

টিকা [বি] রোগ প্রতিরোধের ক্ষমতা সৃষ্টির জন্য দেহে প্রতিষেধক বীজ প্রয়োগ

টিকা [ক্রি বি]থাকা, অবস্থান করা (টিকে থাকা)

বজায় থাকা (ধোপে টিকা)

স্থায়ী হওয়া (কাপড়ের রং টিকা)

জীবিত থাকা (রোগীর টিকে থাকা)

টিকা {বি] হুঁকোর তামাকে আগুন দেওয়ার জন্য ভাতের মাড়ের সঙ্গে কাঠকয়লার গুঁড়ো মিশিয়ে তৈরী রোদে শুকানো চাকতিবিশেষ

টিকা [বি] কপালের টিপ, তিলক, রাজচিহ্ন

টীকা [বি] বিসতৃত ব্যাখ্যা,টিপ্পনী , গ্রন্থাদির ব্যাখ্যপুস্তক

****

ট্যাড়া, ট্যারা

ট্যাড়া [বিণ] তির্যক, বাঁকা

ট্যারা [বিণ] বাঁকা দৃষ্টিসম্পন্ন (ট্যারা চোখ)

কুটিল, উগ্র, রুক্ষ

16

ঠ

ঠোঙা, ঠোনা

ঠোঙা [বি] কাগজ বা পাতার তৈরী অস্থায়ী আধার

ঠোনা [বি] আঙুল দিয়ে চিবুকে মৃদু আঘাত, ঠোকনা

****

ঠান, থান

ঠান [বি] ঠাকুরানি

থান [বি] স্থান, আশ্রয়, ঠাঁই (নদীতীরে ওরা পাতার কুটিরে গড়েছে সুখের থান)

পীঠস্থান, তীর্থস্থান

থান [বি] একেবারে বোনা বস্ত্রখণ্ড, পাড়হীন শাড়ি (থান কাপড়)

থান [বিণ] অথণ্ড, আস্ত (থান ইঁট)

জমাট (থানবাঁধা)

ড

ডাঁশ , ডাঁসা

ডাঁশ [বি] গোরু -মহিষকে কামরায় এমন বুনো মাছিবিশেষ

ডাঁসা [বিণ] আধপাকা (ডাঁসা পেয়ারা)

ডাঁসা [বি] নৌকার পাটাতনের আড়কাঠ

18

ঢ

ঢ্যাঁড়া, ঢ্যারা
    ঢ্যাঁড়া [বি] ঢাকবিশেষ (ঢ্যাঁড়া পেটা)
    ঢোলশোহরত
    ঢ্যারা [বি] 'X' চিহ্ন (ঢ্যারা কাটা)
    সুতো পাকানোর যন্ত্র

তাড়া , তারা

তাড়া [ক্রি বি] ধাওয়া করা

তাড়া [বি] পশ্চাদ্ধাবন , প্রহার, ধমক, ভর্ৎসনা, ভীতিপ্রদর্শন, আক্রমণাত্মক আচরণ

তাড়া [বি] কোনো কাজ দ্রুত সম্পাদনের জন্য পীড়াপীড়ি, ব্যস্ততা

তাড়া [বি] গোছা, আঁটি , গুচ্ছ (নোটের তাড়া)

তারা [বি] নক্ষত্র, চোখের মণি , সুরসপ্তকের সর্বোচ্চ স্বর, মুক্তা , উমা, হোটেলের মাননির্দেশক চিহ্ন

তারা [ক্রি বি] উদ্ধার করা

****

তির , তীর

তির [বি] ধনুকের সাহায্যে নিক্ষেপ করা হয় এমন অস্ত্র, বাণ , শর

তির [বি] ঘরের ছাদের কড়ি

তীর [বি] কূল , তট , পাড়

****

তোড়, তোর

তোড় [বি] স্রোতের প্রবল বেগ (জলের তোড়ে ভেসে যাওয়া) গতি অনর্গল বাক্‌স্ফুরণ (কথার তোড়)

তোর [সর্ব] ষষ্ঠী বিভক্তির একবচনে), 'তুই'-এর সম্বন্ধার্থক রূপ

****

তোড়া , তোরা

তোড়া [বি] গোছা, গুচ্ছ, স্তবক (ফুলের তোড়া)

টাকাপয়সা রাখার ছোটো থলে

নারীর পায়ের অলংকারবিশেষ

তোরা [সর্ব] নিকটজনের ক্ষেত্রে বা তুচ্ছার্থে ব্যবহৃত শব্দ, 'তুই' শব্দের বহুবচন

তোরা [বি] পাগড়ির ওপর পরিধেয় অলংকার বা পালক

20

দ

দড়, দর

দড় [বিন] মজবুত, দৃঢ় (বাঁশের চেয়ে কঞ্চি দড়)

পটু, দক্ষ (কাজে দড়)

দর [বি] গহ্বর, ভয়, শঙ্কা

পাহাড়ের ফাটল

কম্প

প্রবাহ, ক্ষরণ

দর (বি) দাম, মূল্য, নিরিখ, মূল্যের হার

মর্যাদা, স্তর (উঁচুদরের গায়িকা)

দর [বিণ] ঈষৎ, কম

দর [বি] অভ্যন্তর (দরকচা)

অধীন (দর-ইজারা)

****

দশ, দোষ

দশ [বি] ১০ সংখ্যা

দশ [বিণ] ১০ সংখ্যক

দশ [বি] জনসাধারণ (দশে মিলে করি কাজ)

সমাজের বিশিষ্ট ব্যক্তিবর্গ

দোষ [বি] অন্যায়, অপরাধ, অনৈতিক কাজ (দোষ করা)

ক্রটি, খুঁত (দোষ ধরা)

কুঅভ্যাস (পানদোষ)
ফের, কুপ্রভাব (গ্রহের দোষ)
ক্ষতি, দ্বেষ, নিন্দা, পাপ
****

দাড়ি, দাঁড়ি
দাঁড়ি [বি] পূর্ণচ্ছেদচিহ্ন
তুলাদণ্ড
যে ব্যক্তি নৌকার দাঁড় টানে
টানা রেখা
দাড়ি [বি] চিবুক বা গালে উদ্ভত রোমরাজি, শ্মশ্রু
****

দাশ, দাস
দাশ [বি] মৎসজীবি জাতিবিশেষ,
পদবিবিশেষ
দাস [বি] পরিচারক ক্রীতদাস (দাস ব্যবসায়)
অনুগত ব্যক্তি (অভ্যাসের দাস)
শূদ্র

21

ধ

ধন, ধান

ধন [বি] টাকাকড়ি, ধনসম্পত্তি, স্থাবর ও অস্থাবর সম্পত্তি, যোগচিহ্ন, স্নেহপূর্ণ সম্বোধন (বাছাধন)

ধান [বি] ধান্য

ওজনের পরিমাপবিশেষ, সিকি, রতি

****

ধনি , ধনী , ধ্বনি

ধনি [বি] সুন্দরী নারী, যুবতী, কুলবধূ

ধনি [বিণ] সাধুবাদ জ্ঞাপনের যোগ্য, প্রশংসনীয়া , ভাগ্যবতী

ধনী [বিণ] ধনবান, বিত্তশালী, মহাজন

দক্ষ, কুশল

ধ্বনি [বি] শব্দ, রব

কণ্ঠস্বর

কাব্যের রস, ব্যঞ্জনা

****

ধাড়া , ধারা

ধাড়া [বি] তুলাদণ্ড, তৌলদণ্ড, দাঁড়িপাল্লা, কাঁটা

পদবিবিশেষ

ধারা [বি] প্রবাহ (জলের ধারা)

প্রবল বর্ষণ (ধারাপাত)

ঝরনা

নিয়ম (কাজের ধারা)

আইনের বিধি (১৪৪ ধারা)

পরম্পরা (বংশের ধারা)

চালচলন (কেমন ধারা)

ধরন

ধারা [ক্রি বি] ঋণী হওয়া বা থাকা

সংস্রব রাখা (ধার ধারা)

****

ধাড়ি, ধারি, ধারী

ধাড়ি [বি] যে পশু একাধিকবার শাবক প্রসব করেছে

ধাড়ি [বি] দেগে গমন , অগ্রণী, নেতা (অকর্মার ধাড়ি)

ধাড়ি [বিণ] বৃদ্ধ (বুড়োধাড়ি)

ঘাগী

ধারি [বি] মাটির ঘরের চারদিকে নির্মিত বারান্দা

পাড়

ধারি [বিণ] ঋণী

ধারী [বিণ] তীক্ষ্ণ , ধারালো, ধারক

****

ধানি, ধানী

ধানি [বিণ] ধান চাষ হয় (ধানি জমি)

কাঁচা ধানের মতো সবুজ রংবিশিষ্ট (ধানি রঙের শাড়ি)

ধানের মতো ছোটো কিন্তু তীব্র ও ঝাঁঝালো (ধানি লঙ্কা)

ধানী [বি] আশ্রয়, স্থান (রাজধানী)

পাত্র, আধার (নস্যধানী)

****

ধুনি, ধুনী

ধুনি [বি] সন্ন্যাসী যে অগ্নিকুণ্ড জ্বালিয়ে রাখেন

ধুনী [বি] নদী , তটিনী

****

ধূপ, ধূপ

ধূপ [বি] রোদ

ধুপ [অব্য] কোনো কিছু পতনের লঘু শব্দ

ধূপ [বি] শাল গাছের নির্যাস থেকে তৈরী গন্ধদ্রব্যবিশেষ যাতে আগুন দিলে ধোঁয়া হয়, সর্জরস

****

ধুম, ধূম

ধুম [বি] সমারোহ, আড়ম্বর (মহা ধুমধাম)

ঘটা , জাঁকজমক

প্রাচুর্য, আধিক্য

তুমুল কোলাহল

ধূম [বি] জ্বলন্ত পদার্থ থেকে উদ্ভূত বাতাসে দৃশ্যমান কার্বন বা অন্য কোনো পদার্থের কণা , ধোঁয়া, ধূম্র

ধূম [বিণ] ধোঁয়ার মতো বর্ণবিশিষ্ট, ধূমল

22

ন

নন্দিত, নিন্দিত

নন্দিত [বিণ] আনন্দিত, সন্তোষপ্রাপ্ত

নিন্দিত [বিণ] নিন্দা করা হয়েছে এমন

তুলনায় মহত্তর (কাজলনিন্দিত কেশ)

****

নাড়ি , নারি , নারী

নাড়ি [বি] ধমনী, শিরা

সদ্যোজাত শিশুর নাভির সঙ্গে যুক্ত গর্ভনাড়ি

নারি [ক্রি] না পারি (যারে দেখতে নারি তার চলন বাঁকা)

নারী [বি] স্ত্রীকুলের প্রাপ্তবয়স্য মানুষ, মানবী

****

নিচ, নীচ, নীচু

নিচে (বা নীচে)[বিণ] 'উঁচুতে -র বিপরীত শব্দ।

নীচ [বিণ] হীন, নিকৃষ্ট (নীচ স্বভাব)

সংকীর্ণমনা

নীচু (বা নিচু) [বিণ] অবনত, হেঁট (মুখ নীচু)

****

নীড় , নীর

নীড় [বি] পাখির বাসা

আশ্রয়

নীর [বি] পাণি , জল, রস

****

নুন, ন্যূন

নুন [বি] সমুদ্রের জল শুকিয়ে প্রাপ্ত লবনাক্ত সাদা যৌগবিশেষ, লবণ

ন্যূন [বিণ] একটু কম, অপেক্ষাকৃত অল্প

নিকৃষ্ট

23

প

পড়া, পরা , পোড়া

পড়া [ক্রি বি] পতিত হওয়া (গাছ থেকে পড়া)

স্মরণ হওয়া (মনে পড়া)

আবৃত্তি করা (কবিতা পড়া)

উপাসনা করা (নামাজ পড়া)

আবদ্ধ হওয়া (জালে মাছ পড়া)

শরীর এলিয়ে দেওয়া (শুয়ে পড়া)

ধরা, লাগা (মরচে পড়া)

আক্রান্ত হওয়া (অসুখে পড়া)

আরম্ভ হওয়া (শীত পড়া)

ঝরা (পাতা পড়া)

গোচরে আসা (চোখে পড়া)

মূল্য হ্রাস পাওয়া (দাম পড়া)

বিপদগ্রস্ত হওয়া (বিপদে পড়া)

নত হওয়া (পায়ে পড়া)

উৎপাটিত হওয়া (চুল পড়া)

পশ্চাৎপদ হওয়া (পিছিয়ে পড়া)

ব্যয় হওয়া (খরচ পড়া)

শান্ত হওয়া (রাগ পড়া)

সৃষ্ট হওয়া (টাক পড়া)

আছাড় খাওয়া (পিছলে পড়া)

বিগলিত হওয়া (গলে পড়া)

অবসান হওয়া (বেলা পড়া)

পরা [বিণ] পরমা , শ্রেষ্ঠা (পরাবিদ্যা)

নিরতা (নৃত্যপরা)

পরা [ক্রি বি] পরিধান করা (কাপড় পরা)

অঙ্গে ধারণ করা (তিলক পরা)

পোড়া [ক্রি বি] দগ্ধ হওয়া, পুরা যাওয়া

যন্ত্রণা হওয়া

পোড়া [বি] দহন, জ্বালা

যন্ত্রণা (জ্বালাপোড়া)

পোড়া [বিণ] দগ্ধ , ভস্মীভূত

মন্দভাগ্য

****

পাট , পাঠ, পাত

পাট [বি] বীরুৎজাতীয় উদ্ভিদ যা থেকে উজ্জ্বল সোনালি আঁশ কাপড়, থলে, কার্পেট, প্রভৃতি তৈরির কাজে ব্যবহৃত হয়

রেশম

স্তর , ভাঁজ (পাট করা কাপড়)

পিঁড়ি

সিংহাসন, রাজতন্ত্র (রাজ্যপাট)

তীর্থস্থান (শ্রীপাট)

অস্তাচল (সূর্য নামে পাটে)

ফলক , কপাট (দরজার পাট }

পাট [বিণ] রাজকীয়, প্রধান (পাটরানি)

পাঠ [বি] পঠন (পাঠ করা)

আবৃতি (কবিতা-পাঠ)

পাত [বি] পতন (উল্কাপাত)

ক্ষরণ (রক্তপাত)

স্থাপন (দৃষ্টিপাত)

বিনাশ (দেহপাত)

সংঘটন (বিপৎপাত)

চুতি (গর্ভপাত)

পাত [বি] গাছের পাতা

ধাতুর পাতলা চাদর (সোনার পাত)

ভোজনপাত্ররূপে ব্যবহৃত পাতা (কলার পাত)

****

পাটা, পাতা

পাটা [বি] তক্তা

বাটনা বাটার শিল

ভূমি ক্রয়ের দলিল, পাট্টা

বুকের বিস্তৃতি

সাহস (বুকের পাটা)

পাতা [বি] পত্র (গাছের পাতা)

বই বা কাগজের পৃষ্ঠা (চারের পাতা)

নেত্রপল্লব (চোখের পাতা)

মানবদেহের গোড়ালি থেকে আঙুল পর্যন্ত পায়ের তোলার অংশ (পায়ের পাতা)

পাতা [বিণ] পালনকর্তা, পালক, রক্ষক , রক্ষাকারী

পাতা [ক্রি বি] বিছিয়ে দেওয়া (আঁচল পাতা)

সাহায্য চাওয়া (হাত পাতা)

নোয়ানো (মাথা পাতা)

স্থাপন করা (সংসার পাতা)

জমানো (দই পাতা)

ষড়যন্ত্র করা (ফাঁদ পাতা)

গোপনে শোনা (আড়ি পাতা)

গোপনে অপেক্ষা করা (ওত পাতা)

বন্ধুত্ব করা (সই পাতা)

****

পাটি, পাতি, পাতী

পাটি [বি] শৃঙ্খলা (পরিপাটি)

জোড়ার একটি (জুতোর পাটি)

সারি (দাঁতের পাটি)

বেত প্রভৃতির তৈরী মসৃণ মাদুর (শীতলপাটি)

শ্রেণীবদ্ধ জনপদ

পাতি [বি] মাদুর বোনের জন্য ব্যবহৃত জলজ তৃণবিশেষ, বাঁশের তৈরী ছোটো ঝুড়ি, ফুলের সাজি, ছোটো পাতা

পাতি [বি] সমূহ (খরচাপাতি)

পাতি [বিণ] ছোটো প্রজাতির পর্যায়ভুক্ত (পাতিলেবু)

-পাতী [বিণ] পড়ে যাচ্ছে এমন , পতনোন্মুখ (সদ্যঃপাতী)

অন্তর্গত (অন্তঃপাতী)

****

পাড়, পার

পাড় [বি] তীর (দীঘির পাড়]

খেতের আল

কুয়োর দেওয়ালে লাগানো পোড়ামাটির বেষ্টনী

চাক

পাড় [বি] পরিধেয় বস্ত্রের প্রস্থবরাবর প্রান্তভাগ (শাড়ির পাড়)

পাড় [বি] কোনোকিছু চালানের জন্য প্রদত্ত পায়ের চাপ (টেঁকিতে পাড় দেওয়া)

পাড় [বি] ঘরের চাল ধরে রাখার জন্য খুঁটির ওপর স্থাপিত লম্বা বাঁশ বা কাঠ

পার [বি] অতিক্রমণ (নদী পার হওয়া)

উদ্ধার, পরিত্রাণ (পার পাওয়া)

****

পাড়া , পারা

পাড়া [ক্রি বি] বৃন্তচ্যুত করা (ফল পাড়া)

নামানো (তাক থেকে পাড়া)

বিছানো (পাত পাড়া)

প্রসব করা (ডিম পাড়া)

উচ্চৈঃস্বরে ডাকা (ডাক পাড়া)

অবতারণা করা (কথা পাড়া)

পাড়া [বি] মহল্লা (কুমারপাড়া)

পারা [ক্রি বি] সমর্থ হওয়া (কাজ করতে পৰ)

এঁটে ওঠা , আয়ত্তে আনতে সক্ষম হওয়া

পারা [বি] পারদ

পারা [বিণ] সদৃশ, তুল্য, মতো, (ওগো নদী , আপন বেগে পাগল-পারা)

পারা [ক্রি বিণ] যেন, বোধ হয়

পারা [বি] পবিত্র কোরানের তিরিশটি পরিচ্ছেদের যে কোনো একটি, খণ্ড

****

পাণি, পানি

পাণি [বি] হাত (বীণাপাণি)

পানি [বি] জল, বারি

****

পাঁক, পাক

পাঁক [বি] কাদা, কর্দম

পাক [বিণ] পবিত্র, পূত (পাকসাফ)

পাক [বি] অগ্নিতাপে রন্ধন (পাক করা)

হজম, পরিপাক (পাকাশয়)

পক্বতা

শুক্লতা (চুলে পাক ধরা)

পরিণাম

****

পিঠ , পীঠ

পিঠ [বি] কাঁধ থেকে কোমর পর্যন্ত জীবদেহের পশ্চাদ্ভাগ, পৃষ্ঠ , পশ্চাৎ, পেছনে

বিপরীত দিক

পীঠ [বি] বেদি, দেবদেবীর অধিষ্ঠানক্ষেত্র

আসন, প্রতিষ্ঠান (বিদ্যাপীঠ)

24

ব

বড়া, বড়ো, বর

বড়া [বি] তেল বা ঘিয়ে ভাজা গোলাকার চ্যাপ্টা খাদ্যবস্তু।

বড়ো [বিণ] বিশাল, প্রচুর, বিপুল, মহান ,মহৎ, প্রধান, মুখ্য (বড়ো বাবু)

ধনী (বড়োলোক)

অতিশয় (বড়ো ঠান্ডা)

নিতান্ত (বড়োজোর)

সম্ভ্রান্ত (বড়ো ঘর)

বড়ো করা [ক্রি বিণ] পালন করা

বড়দা / বড়দি [বি] বড়ো দাদা / দিদি

বড়োসড়ো [বিণ] বড়ো আকৃতির

বড়ো হওয়া [ক্রি বিণ] গুরুত্বপূর্ণ হওয়া

বর [বি] বিবাহের পাত্র , স্বামী

আশীর্বাদ

অলৌকিক উৎস থেকে ক্ষমতা বা অভীষ্ট বস্তু লাভ

বর [বিণ] শ্রেষ্ঠ, উৎকৃষ্ট (নরবর)

ইস্পিত , অভীষ্ট

সুন্দর, মনোহর

****

বলি, বলী

বলি [বি] যজ্ঞাদি উপলক্ষ্যে প্রাণীহত্যা, বিসর্জন, পূজার উপচার , জীবকে খাদ্যদান (বলিভুক)

রাজকর

দৈত্যবিশেষ

বলি [বিণ] দেহের চামড়া শিখিল হয়ে গেছে এমন (বলিরেখা)

বলিযুক্ত

বলী [বিণ] বলবান

বলী [বি] পরাক্রমশালী ব্যক্তি

****

বর্শা, বর্ষা

বর্শা [বি] লাঠির প্রান্তে ইস্পাতের ফলাযুক্ত ক্ষেপণাস্ত্রবিশেষ

শুল, কোঁচ

বর্ষা [বি] গ্রীষ্মের পরবর্তী ও শরতের পূর্ববর্তী ঋতু

বৃষ্টিপাত

****

বাড়, বার

বাড় [বি] বৃদ্ধি, পুষ্টি, উন্নতি, স্পর্ধা, ঔদ্ধত্য, বাড়াবাড়ি

বার [বি] সপ্তাহের নির্দিষ্ট দিন (শনিবার)

নির্দিষ্ট দিন)হাটবার)

সাধারণ)বারাঙ্গনা)

দফা (দুবার)

পালা, নিষেধ, তিথিবিশেষ

বার [বিণ] অমঙ্গলকর (বারবেলা)

বার [বি] বাহির

বার [বি] রাজসভা, দরবার

সময়

বোঝা, ভার, মোট

বার [বি] উকিলসমাজ (বার সমিতি), পানশালা

****

বাড়ি, বারি

বাড়ি [বি] লাঠি, দণ্ড , বেত প্রভৃতির আঘাত (লাঠির বাড়ি)

দণ্ড (পাচনবাড়ি)

বাড়ি [বি] বাসস্থান, আদি নিবাস

বারি [বি] জল, পানি, বৃষ্টি

বারি [বি] হাতি বাঁধার দড়ি

পিলখানা

জলপাত্র, কলসি

****

বাঁধা, বাধা

বাঁধা [ক্রি বি] আবদ্ধ করা (নৌকা বাঁধা)

তৈরি করা (ঘর বাঁধা)

রচনা করা (গান বাঁধা)

একত্র করা (জোট বাঁধা)

সংহত হওয়া (দানা বাঁধা)

সাহস সঞ্চয় করা (বুক বাঁধা)

বাঁধা [বিণ] বন্ধনযুক্ত (বাঁধা হাত-পা)

পাকা করা হয়েছে এমন (বাঁধা ঘাট)

আবদ্ধ

বাধা [বি] প্রতিবন্ধ, অন্তরায়, বিঘ্ন, নিষেধ, উপদ্রব

বাধা [ক্রি বি] সংঘটিত হওয়া (ঝগড়া বাধা)

সায় না পাওয়া (বিবেকের বাধা)

কষ্ট বোধ করা

আটক হওয়া

বুঝতে অসুবিধে হওয়া

জড়িয়ে যাওয়া (কথা বাধা)

থগুন করা

****

বিভিন্ন, ভিন্ন

বিভিন্ন : [বিণ] নানাপ্রকার, হরেক রকমের (পুজোতে বিভিন্ন উপকরণ প্রয়োজন হয়।)

ভিন্ন : [বিণ] অন্য (ভিন্ন পথ); পৃথক (ভিন্নপথ); থগুত (ছিন্নভিন্ন); [অব্য] ব্যতীত (তুমি ভিন্ন ওর কেউ নেই।)

****

বিশ , বিষ, বিস

বিশ [বি] ২০ সংখ্যা

বিশ [বিণ] ২০ সংখ্যক

বিষ [বি] যে পদার্থ দেহে প্রবেশ করলে মৃত্যু ঘটাতে পারে, গরল , হলাহল
অত্যন্ত বিরক্তিকর ব্যক্তি বা বস্তু (দুচোখের বিষ)
হিংসা, দ্বেষ প্রভৃতি মনোবৃত্তি

বিস [বি] পদ্মের ডাঁটা বা নাল, মৃণাল

****

বেশি, -বেশী

বেশি [বিণ] অধিক

বেশি [বি] প্রাচুর্য

-বেশী [বিণ] বেশধারী (ভদ্রবেশী)

ভাটা, ভাতা

ভাটা [বি] চাঁদ ও সূর্যের আকর্ষণে প্রতি চান্দ্রদিবসে দুবার করে সমুদ্র ও নদীর জলের পৃষ্ঠদেশের অবনতি

হ্রাস, কমতি (উৎসাহে ভাটা পড়া)

ভাতা [বি] পণ্যদ্রব্যের মূল্যবৃদ্ধি বাবত চাকুরেকে নির্দিষ্ট বেতনের অতিরিক্ত যে অর্থ দেওয়া হয় (মহার্ঘ ভাতা)

****

ভাষা, ভাসা

ভাষা [বি] নির্দিষ্ট কোনো অঞ্চলের বা দেশের অধিবাসীদের মনের ভাব প্রকাশ করার জন্য ব্যবহৃত শব্দাবলি ও তার প্রয়োগকৌশল (বাংলা ভাষা)

নিজস্ব ভাব প্রকাশের ভঙ্গি (রবীন্দ্রনাথের ছোটগল্পের ভাষা)

কথা, উক্তি (আধো-আধো ভাষা)

অঙ্গভঙ্গি বা সংকেতের সাহায্যে ভাবপ্রকাশ (ইশারা ভাষা)

ভাসা [ক্রি বি] জলের ওপর ভর করে থাকা (নদীতে ভাসা)

বায়ুস্তরের ওপর বিচরণ করা (আকাশে ভাসা)

প্লাবিত হওয়া (বন্যায় ভাসা)

মনে পড়া (স্মৃতিতে ভাসা)

সহায়হীন হওয়া

****

ভিটা, ভিত , ভীত

ভিটা [বি] পৈতৃক বাস্তুভূমি

উঁচুকরা যে ভূমির ওপর বাসগৃহ তৈরী করা হয়

ঘরের ভিত

পোতা

ভিত [বি] ভিত্তি, বুনিয়াদ, গৃহের বা দেওয়ালের যে অংশ মাটির নিচে থাকে

দিক, পাশ

উন্নত ভূমি

ভীত [বিণ] ভয় পেয়েছে এমন, শঙ্কিত

26

ম

মগ , মঘ

মগ [বি] তরল পদার্থ ধারণ বা পান করার জন্য ব্যবহৃত কাচ , চীনামাটি প্রভৃতির তৈরী হাতলযুক্ত লম্বাটে গোলাকার পাত্রবিশেষ

মগ [বি] ব্রহ্মদেশ বা আরাকানের অধিবাসী

আরাকানের দস্যুসম্প্রদায়

মগ [বি] চূড়া, শীর্ষ (মগডাল)

মগ [বিণ] আপ্লুত (আনন্দে ডগমগ)

মঘ [বি] পূজা

****

মট, মত

মট [অব্য] কঠিনপদার্থ ভাঙার অনুকার শব্দ

আঙুল মটকানোর অনুকার শব্দ

মত [বি] মনের ভাব, অভিমত (এ বিষয়ে ওঁর মত কী ?)

সম্মতি (এ কাজে আমার মত নেই)

সিদ্ধান্ত (মত বদল করা)

ধারা, পদ্ধতি (হোমিওপ্যাথিমতে চিকিৎসা)

বিধি, নিয়ম (পুরাণমতে)

****

মতো, মোট

মতো [বিণ] তুল্য, সদৃশ (আকাশের মতো বিশাল)

যোগ্য (মনে রাখার মতো)

মতো [ক্রি বিণ] অনুযায়ী (বিধিমতো কাজ করা)

মতো [অব্য] জন্য, সীমা (জন্মের মতো)

মোট [বি] সমষ্টি

মোট [বিণ] সার, মোদ্দা, মূল (মোট কথা)

মোট [ক্রি বিণ] সাকুল্যে

মোট [বি] বোঝা, ভার, বস্তা, পোঁটলা , গাঁটরি (মোটবাহী)

****

মড়া, মরা

মড়া [বি] মরদেহ, শব

মরা [ক্রি বি] প্রাণত্যাগ করা

ব্যাকুল হওয়া (ভেবে মরা)

হ্রাস পাওয়া , কমা (খিদে মরা)

শুকিয়ে যাওয়া

লুপ্ত হওয়া

মরা [বিণ] মৃত

শুকিয়ে গেছে এমন (মরা নদী)

খাদযুক্ত

ভোঁতা

নিস্তেজ

****

মাড় , মার

মাড় [বি] চাল সেদ্ধ করে প্রাপ্ত ঘন তরল পদার্থ, ভাতের ফেন

মার [বি] প্রহার বা আঘাত

লোকসান, ক্ষতি (ব্যবসায় মার খাওয়া)

মার [বি] মরণ, মৃত্যু, বিনাশ, ধ্বংস

কেরামতি (ওস্তাদের মার শেষ রাত্রে)

কন্দর্প মারণ , বধ

****

মাড়া, মারা

মাড়া [ক্রি বি] মর্দন করা, পেষণ করা (আখ মাড়া)

মারা [ক্রি বি] হত্যা বা বধ করা (পাখি মারা)

অধাত করা (চাবুক মারা)

হত্যার উদ্দেশ্যে প্রয়োগ করা (ছুরি মারা)

নাশ করা (জাত মারা)

শুকানো (রস মারা)

ঠুকে বসানো (পেরেক মারা)

জোড়া দেওয়া (তালি মারা)

চুরি করা (পকেট মারা)

আত্মস্যাৎ করা (টাকা মারা)

বঞ্চিত করা (ভাত মারা)

জোরে ডাকা (হাঁক মারা)

ধরা (মাছ মারা)

মুদ্রিত করা (ছাপ মারা)

জাহির করা (চাল মারা)

লাগানো (টিকিট মারা)

দেখা ((উঁকি মারা)

****

মৃত, মৃৎ

মৃত [বিণ] গতপ্রাণ, প্রাণহীন, প্রয়াত

মৃৎ [বি] মৃত্তিকা, মাটি

27

র

রশা, রসা

রশা [বি] মোটা দড়ি, দড়া

রসা [বি] পৃথিবী

রসা [বিণ] প্রচুর রাসযুক্ত (রসা কাঁঠাল)

পচনোন্মুখ, সর্দিভারাক্রান্ত

রসা [বি] অল্প ঝোলে রাঁধা মাছ বা মাংসের ব্যঞ্জন

রসা [ক্রি বি] রসযুক্ত হওয়া, স্যাঁতসেঁতে হওয়া, পচে আসা, সর্দিতে আক্রান্ত হওয়া

****

রাড়, রাঢ়

রাড় [বিণ] গোঁয়ার

ইতর, নীচ

রাঢ় [বি] ভাগীরথী নদীর পশ্চিম তীরে অবস্থিত পশ্চিমবঙ্গের অংশ

****

রাশ, রাস

রাশ [বি] রাশি, স্তুপ, গাদা (একরাশ ফুল)

প্রকৃতি, আচরণ (রাশভারী)

জন্মরাশি (রাশনাম)

রাশ [বি] লাগাম, বল্গা , নিয়ন্ত্রণ (রাশ টেনে ধরা)

রাস [বি] কার্তিক মাসের পূর্ণিমায় গোপিনীদের সঙ্গে শ্রীকৃষ্ণের নৃত্যলীলা

****

রিপু, রিফু

রিপু [বি] শত্রু

রিফু [বি] সুচসুতো দিয়ে বুনে ছেঁড়া কাপড়ের জীর্ণ সংস্কার

****

রেশ, রেষ , রেস

রেশ [বি] বিলীয়মান অনুভূতি (আনন্দের রেশ)

শব্দ বা সুর শেষ হওয়ার পরেও মনে যে অনুরণন থেকে যায় (গানের রেশ)

আভাস (কল্পনার রেশ)

রেষ [বি] দ্বেষ, আক্রোশ, ঈর্ষা

রেস [বি] দৌড় প্রতিযোগিতা,ঘোড়দৌড়ের বাজি, প্রতিযোগিতা

28

ল

লক্ষ, লক্ষ্য

লক্ষ [বি] খেয়াল (লক্ষ করা)

শতসহস্র সংখ্যা (লাখ)

লক্ষ [বিণ] শতসহস্র সংখ্যক

অসংখ্য, সংখ্যাতীত (লক্ষ লক্ষ শ্রোতা)

লক্ষ্য [বি] উদ্দেশ্য, তাক , কাম্য বস্তু বা বিষয়

লক্ষ্য [বিণ] লক্ষণাশক্তিদ্বারা জ্ঞাত, উদ্দিষ্ট, জ্ঞেয়

****

লক্ষণ, লক্ষ্মণ

লক্ষণ [বি] চিহ্ন, নিদর্শন, পরিচয়, অভিজ্ঞান

আভাস

লক্ষ্মণ [বি] রামায়ণে বর্ণিত রামচন্দ্রের বৈমাত্রেয় ভাই, সুমিত্রার পুত্র

****

লাঠি, লাথি

লাঠি [বি] দাঁড়ানো বা চলার সময় ভারসাম্য রক্ষার অবলম্বন অথবা মারপিট প্রহরণ প্রভৃতির উপকরণরূপে ব্যবহৃত বেত কাঠ প্রভৃতির ছোটো দণ্ড , যষ্টি

লাথি [বি] পদাঘাত (লাথি মার , ভাঙ রে তালা)

****

লাশ, লাস

লাশ [বি] শব , মরদেহ

বিরাট বপু

লাশ [বি] জুতো তৈরী বা মেরামতির জন্য ব্যবহৃত কাঠামোবিশেষ

লাস [বি] নারীর নৃত্যের লীলায়িত ভঙ্গিমা, লাস্য

****

লুটা , লূতা

লুটা [ক্রি বি] লুণ্ঠন করা, আত্মসাৎ বা গ্রাস করা, আনন্দউৎসবে মত্ত হওয়া

লুটা [ক্রি বি] ভূলুন্ঠিত হওয়া, ভূমিতে গড়াগড়ি দেওয়া

লূতা [বি] মাকড়সা

****

লেখ , লেখ্য

লেখ [বি] লিখন, লিখিত বিষয় (শিলালেখ)

লিপি

লেখ্য [বিণ] লেখনীয়, লেখার যোগ্য বা উপযুক্ত, লিখতে হবে এমন, লেখার জন্য ব্যবহৃত হয় এমন (লেখ্য ভাষা)

লেখ্য [বি] লিখিত চিঠিপত্র, চিত্র, আলেখ্য, দলিল-দস্তাবেজ

29

শ

শব, সব

শব [বি] মৃতদেহ, লাশ

সব [বিণ] সকল, সমস্ত

সব [সর্ব] সকল লোক

সমস্ত বিষয়

সব [বি] সর্বস্ব, সমস্ত সম্পদ (সবহারা)

****

শয্যা, সজ্জা

শয্যা [বি] বিছানা, যার ওপর শোয়া হয় (ধূলিশয্যা)

শয়ন, নিদ্রা (শয্যাগৃহ)

সজ্জা [বি] বেশভূষা, আয়োজন, অলঙ্করণ, সরঞ্জাম

****

শর, সর

শর [বি] স্বর, ধ্বনি (পঞ্চম শর)

শর [বি] তির (শর -ধনু)

শর [বি] একজাতীয় তৃণ

সর [বি] জাল দেওয়া দুধের উপরে জমাট বেঁধে যে পুরু স্তর তৈরী হয় (সরপুরিয়া)

সর [বি] সরোবর

সর [বি]নল-খাগড়ার গাছ

****
শাড়ি, শারি, সারি

শাড়ি [বি] নারীর পরিধেয় রূপে ব্যবহৃত কাপড়

শারি [বি] পাশার গুটিকা

স্ত্রী-শালিক

স্ত্রী-শুক

সারি [বি] পঙ্‌ক্তি

মাঝিমাল্লাদের গানবিশেষ
****
শাপ, সাপ

শাপ [বি] অভিসম্পাত

সাপ [বি] পেশী সংকোচন-প্রসারণের সাহায্যে বুকে ভর করে চলে এমন প্রাণী, সর্প, নাগ , ভুজঙ্গ
****
শেঠ, শ্বেত , ষেট, সেট, স্বেদ

শেঠ [বি] বণিক, বড়ো ব্যবসায়ী, সওদাগর, পদবিবিশেষ

শ্বেত [বি] শুক্ল বর্ণ, সাদা রং

শ্বেত [বিণ] সাদা, শুভ্র (শ্বেতপদ্ম)

ষেট [বি] ষষ্ঠীদেবী

সেট [বি] একই আদলে তৈরী গহনা পোশাক প্রভৃতির সমষ্টি

নাটকের মঞ্চসজ্জা (সেট তৈরী)

কোনো লেখকের গ্রন্থের খণ্ডসমূহ

স্বেদ [বি] ঘাম, বাষ্প, তাপ
****
শোভা, সভা

শোভা [বি] কান্তি, দীপ্তি, ঔজ্জ্বল্য, মাধুরী, সৌন্দর্য

সভা [বি] আলোচনার উদ্দেশ্যে বৈঠক, সম্মেলন, সংঘ, পরিষদ (আইনসভা)

দরবার (রাজসভা)
****
শূর, শুঁড়, সুর, সূর

শূর [বিণ] বীর, শৌর্যবান , সাহসী

সূর্য
যোদ্ধা
****

শুঁড় [বি] হাতির নাসারন্ধ্রের সঙ্গে যুক্ত লম্বা নলের মতো নমনীয় ও শিথিল অঙ্গ যা দিয়ে মুখে খাদ্য তোলে এবং ভারী জিনিস ধরে উঁচু করে স্থানান্তর করতে পারে
কোনো প্রাণীর নাকের সুচালো ও শিথিল অংশবিশেষ
কীটপতঙ্গ প্রভৃতির মাথার ওপরের দুটি সংবেদী সূক্ষ্ম অঙ্গ, শুঙ্গ
****

সুর [বি] স্বর, ধ্বনি
কর্ণ্ঠস্বর (নাকি সুর)
সংগীতের তাল
মত
সুর [বি] দেবতা
সূর্য
পণ্ডিত
সূর [বি] সূর্য
পণ্ডিত, জ্ঞানী ব্যক্তি
বীরপুরুষ

30

ষ

ষট, ষড়

ষট [বি] ছয় সংখ্যা

ষট [বিণ] ছয় সংখ্যক

ষড় [বি] চক্রান্ত, গোপন পরামর্শ (ষড়যন্ত্র)

****

ষত্ব, স্বত, স্বত্ব

ষত্ব [বিণ] ষ -সংক্রান্ত (ষত্ববিধি)

স্বত [অব্য, ক্রি বিণ] স্বয়ং, নিজে থেকে, নিজে

স্বত্ব [বি] বিষয়সম্পত্তি ব্যবসায় প্রভৃতিতে অধিকার বা মালিকানা (গ্রন্থস্বত্ব)

****

ষষ্ঠি, ষষ্ঠী

ষষ্ঠি [বি] ৬০ সংখ্যা

ষষ্ঠী [বি] সন্তানের রক্ষয়িত্রী বলে কল্পিত দেবী

তিথিবিশেষ (জামাইষষ্ঠী)

****

ষাঁড়, সাড়, সার

ষাঁড় [বি] বৃষ, ষণ্ড

লম্পট

সাড় [বি] চেতনা, অনুভূতি, বাহ্যজ্ঞান

সার [বি] পণ্ডিত , শ্রেণি
সার [বি] বৃক্ষের মজ্জা বা শাঁসবিশিষ্ট অংশ
উৎকৃষ্ট অংশ
অবশিষ্ট অংশ (কঙ্কালসার)
মর্মার্থ (সারাংশ)
দুধের সর
জমির উর্বরতা বাড়ায় এমন পদার্থ
একমাত্র সম্বল (কথাই সার)
সার [বিণ] শ্রেষ্ঠ, মূল (সার কথা)
****

ষোড়শী, সরসী
ষোড়শী [বিণ] ষোলো বছর বয়স্কা
ষোড়শী [বি] দশমহাবিদ্যার দেবীবিশেষ, যজ্ঞপাত্রবিশেষ
সরসী [বি] দিঘি , সরোবর, হ্রদ

31

স

সাড়া, সারা

    সাড়া [বি] ধ্বনি, আওয়াজ (সাড়াশব্দ)

    উত্তর (ডাকে সাড়া দেওয়া)

    আলোড়ন, শোরগোল, হুঁশ, চেতনা, অনুভূতি

    সারা [বিণ] সমগ্র, সম্পূর্ণ

    সারা [বিণ] ক্লান্ত, অবসন্ন (যাচ্ছে কারা রৌদ্রে সারা)

    আকুল, ব্যাকুল (কেঁদে সারা)

    বিপদগ্রস্ত, শেষ

    সারা [ক্রি বি] সঙ্গোপনে রাখা (টাকা সারা)

    সমাপ্ত বা সম্পাদনা করা (দায় সারা)

    পণ্ড করা (দফা সারা)

    মেরামত করা (সাইকেল সারা)

    আরোগ্যলাভ করা (জ্বর সারা)

    সারা [বিণ] লুক্কায়িত, পণ্ড , দুর্দশাগ্রস্ত

32

হ

হাট, হাত

হাট [বি] সপ্তাহের নির্দিষ্ট দিনে ক্রয়বিক্রয়ের স্থান

বহু লোকের সমাবেশ

হাত [বি] বগল থেকে আঙুলের ডগা পর্যন্ত দেহের অংশ, বাহু , ভুজ, হস্ত, কর, পাণি

দৈর্ঘের এককবিশেষ , আনুমানিক ১৮ ইঞ্চি (মানবদেহের কনুই থেকে মধ্যমার প্রান্তদেশ পর্যন্ত)

হাতির শুঁড়

অধিকার, বশবর্তিতা (হাত করা), প্রভাব

****

হাড়, হার

হাড় [বি] কোলাজেন তন্তুতে প্রোথিত ক্যালসিয়াম ফসফেট ও ক্যালসিয়াম কার্বোনেটের সমন্বয়ে গঠিত মেরুদণ্ডী প্রাণীর কাঠামো, অস্থি

হার [বি] গলায় ধারণের অলংকারবিশেষ, মালা, ভাগ, অনুপাত, দর

হার [বি] পরাজয়, পরাভব (হার মানা)

****

হাড়ি, হারী

হাড়ি [বি] জাতিবিশেষ

হারী [বিণ] হারশোভিত, হারযুক্ত

-হারী [বিণ] হরণকারী (চিত্তহারী)

বাহক

অপনোদনকারক (শোকহারী)

****

হড়, হুর

হড় [বি] বহু লোকের বিশৃঙ্খল সমাবেশ, ভিড়, জনতার ঠেলাঠেলি, বেগ

হুর [বি] অতিশয় সুন্দরী , বেহেশতের সুন্দরী

লেখক পরিচিতি

শ্রীকান্ত পালধি

জন্ম গ্রামবাংলায়। তবে পিতার কাজের সূত্রে বিভিন্ন জায়গায় বড় হওয়া। পরবর্তীকালে নিজের কাজের সূত্রে দেশ-বিদেশে অনেক মানুষের সান্নিধ্যে অনেক কিছু দেখা বা বোঝার সুযোগ হয়েছে। পেশায় পযুক্তিবিদ হলেও, লেখালিখি নানাবিধ বিষয়ে।

www.ingramcontent.com/pod-product-compliance
Lightning Source LLC
Chambersburg PA
CBHW031144130726
47988CB00006B/2528